부산대학교 한국민족문화연구소 로컬리티 교양총서 2

대중문화, 지역을 디자인하다

|필자|

문재원_부산대학교 한국민족문화연구소 HK교수. 부산대학교 문학박사(한국 현대소설)
조명기_부산대학교 한국민족문화연구소 HK교수. 부산대학교 문학박사(한국 현대소설)
박수경_부산대학교 한국민족문화연구소 HK교수. 일본 탁쇼크대학교 언어교육학박사(일본어학)
박정희_부산대학교 인문학연구소 post-doc. 중국 북경대학교 문학박사(중국 당대문학・문화)
엄은희_서울대학교 아시아연구소 선임연구원. 서울대학교 교육학박사(동남아 지역연구)

부산대학교 한국민족문화연구소 로컬리티 교양총서 2
대중문화, 지역을 디자인하다

초판 인쇄 2013년 5월 5일 **초판 발행** 2013년 5월 15일
엮은이 부산대학교 한국민족문화연구소
펴낸이 박성모 **펴낸곳** 소명출판 **출판등록** 제13-522호
주소 서울시 서초구 서초동 1621-18 란빌딩 1층
전화 02-585-7840 **팩스** 02-585-7848 **전자우편** somyong@korea.com **홈페이지** www.somyong.co.kr

값 15,000원 ISBN 978-89-5626-833-0 03600

이 저서는 2007년도 정부(교육과학기술부)의 재원으로 한국연구재단의 지원을 받아 연구되었음(NRF-2007-361-AL0001).

부산대학교
한국민족문화연구소
로컬리티교양총서2

대중문화, 지역을 디자인하다

Popular Culture, Designing the Local

부산대학교 한국민족문화연구소 엮음

소명출판

책머리에

TV 오락프로그램 촬영을 유치하고 지역브랜드를 홍보하기 위한 지역들 간의 경쟁은 점점 뜨거워지고 있으며, 통영 동피랑이 매스컴에 오르면서 벽화를 통해 재생을 꾀하는 마을들 또한 부쩍 늘었다. 영화의 배경으로 등장한 곳을 관광의 경로 위에 올려놓는 등, 각 지역에서는 자신의 이미지를 만들거나 홍보하기 위해 대중문화의 힘에 부쩍 의존하는 추세다. 대중문화가 서로를 모방하며 닮아가듯 지역들 역시 엇비슷한 모습으로 변해가고 있다.

분명 대중문화는 지역과 그곳 사람들을 설명하고 만들어가는 중요한 요인 중 하나가 되었다. 그런데 이런 대중문화는 특정 지역에 대한 각종 선입견을 유발한다. 선입견은 각 지역과 지역민에 대한 호기심이나 부정적 이미지뿐만 아니라 그들을 바라보는 우리의 위치, 그들에 투사한 우리의 욕망들까지 보여준다.

대중문화가 지역의 이미지나 실제에 어떤 영향을 끼치는지에 관심이 있는 이 작은 책의 감각은 실용적인 도시재생이나 문화산업론에 국한되지 않는다. 이 책의 촉각은, 대중문화와 지역이 충돌·교호하면서 로컬리티locality를 생성하는 양상을 더듬고 이 과정에 개입하고 있는 욕망들의 정체를 확인하는 쪽을 향해 있다. 그래서 한국, 일본, 중국, 필리핀을 다룬 5개의 글들은 그 부피에 비해 무거울 것이며 가독성에 비해 그 함의는 풍부할 것이다.

「영화로 만나는 도시의 풍경」은 대표적인 영화도시로 급부상한 부산의 사례를 통해 대중문화가 한국의 도시를 어떻게 분할하고 이미지화해가는지 보여준다. 도시는 더 이상 동질적인 하나의 공간이 아니라 다양하고 이질적인 권력들과 계층·공간들이 관계 맺는 현장이다. 이 글은 대중문화가 지역 내의 이질성들을 체계화하고 질서화하는 과정을 섬세하게 더듬으면서 지금 여기의 주체성에 봉사하는 대중문화 또한 비중 있게 다룬다.

우도(제주도)를 배경으로 한 대중문화에 집중하는 「섬으로 가는 길, 섬이 가는 길」은 시골(섬)의 이미지는 도시가 상상하고 요구하는 이미지라고 말한다. 이런 이미지화 과정은 대중문화 향유 주체의 위치를 도시로 전이시키며, 같은 섬인 제주도 역시 이런 전이현상에 동승한다고 주장한다. 진정 폭력적이고 부당한 것은 우도의 주장보다 이 무의식적인 위치 변경인지도 모른다고 암시한다.

「대중문화, 나가사키를 진혼의 원폭도시로 만들다」는 히로시마와 함께 일본의 피폭지였던 나가사키가 피폭에 대한 의미 규정과 대응 방식을 획정하고 제어하기 위해 대중문화를 어떻게 이용하고 있는지를 보여준다. 나가사키의 독특한 대응 양상이 대중문화를 통해 승인받고 보편화되어가는 과정을 확인할 수 있을 것이며, 마침내는 지역의 주체성이란 무엇인가라는 당혹스럽고도 근본적인 질문과 마주하게 될 것이다.

「798 예술구를 통한 베이징 다시 만들기」에서는 대중문화가 지역을 만들어가는 실질적인 예를 발견하게 될 것이다. 이 글은, 공장지대를 예술구로 만들고 유지해가기 위해 중국의 문화인들이 베이징 시정부와 자본을 상대로 펼치는 각종 노력을 세밀하게 그린다. 대량생산, 대량소비되는 대중문화가 아니라 베이징을 세계도시의 반열에 올려놓을 수 있었던 중요한 요인으로서의 대중문화가 무엇인지 그 진면목의 일부를 보게 될 것이다.

「영화가 조명하는 필리핀의 두 얼굴－삶은 낙원보다 슬럼에」는, 한국 관광객이 소비하는 필리핀의 이미지와 실제 필리핀에 편재해 있는 슬럼을 대조함으로써, 즉 슬럼을 영화화한 예를 낭만적인 관광지 이미지의 맞은편에 놓음으로써 대중문화의 양면성과 지역의 재현이라는 문제에 직면하도록 이끈다. 그리고 재현의 방식에 따라 지역의 실질적인 변화 방향이 결정될 수 있음을 보여준다.

대중문화에 주목한 이 책은 지역을 변화시키는 것들을 차례로 짚어보는 일련의 작업 중 첫 번째에 놓인다. 작은 것 하나하나에 대한 예민한 감각들이 모여 지역의 실제 삶을 풍요롭게 하리라 믿는다. 앞으로 쉼 없이 진행될 우리의 작업들이 이에 기여하기를 바란다.

부산대학교 한국민족문화연구소

HK로컬리티의인문학 연구단

차례

영화로 만나는 도시의 풍경

문재원

1. 복합적인 영화 세트장, 도시 부산

부산의 가장 큰 매력은 **오래된** 것들과 **새로운** 것들이 도시 안에 모두 공존한다는 거다. 영화를 실제 제작하는 사람들한테 부산은 하나의 거대한 세트장이다.

— 영화감독 정정훈

부산은 오랜 역사를 가진 도시답게 **현대**와 **과거**의 분위기가 오묘하게 공존하고 있고 해안도시 특유의 이국적인 풍광을 가지고 있다.

— 김성민, 『영화부산』 중에서

영화감독들이 이구동성으로 말하고 있는 부산의 오래된 것과 새로운 것은 영화 안에서 어떤 방식으로 공존하고 있을까. 이것들의 공존을 통해 부산이라는 공간은 어떻게 재구성될 수 있을까. 영화라는 장르가 이미 선택한 장소의 이미지를 절편하고 이 이미지들의 봉합과 그 효과를 바탕으로 생산되는 산물이라고 볼 때, 영화에서 변용, 재생산된 부산은 그것의 역사성이나 장소성과는 무관하게 절편된 이미지들을 통해 봉합된 새로운 장소와 조우하고 기억하고 재생산하게 된다.

1990년 후반부터 한국영화에서 부산을 영화적 공간으로 선택하는 경우가 많아졌다. 한국영화의 40% 이상이 부산에서 촬영되고 있다는 점은 이를 반증한다. 영화시장에서 왜 부산이 급부상하게 되었는가? 여기에 대해서는 대체로 부산국제영화제로 인한 영화도시의 이미지가 한몫했고, 또한 부산시와 부산영상위원회의 적극적인 지원이 크게 작용했다는 점을 그 이유로 들고 있다. 이뿐만 아니다. 부산이라는 공간이 영화적 공간을 재현하는 데 별 문제가 없다는 것을 반증하기도 한다. 가령 〈무방비도시〉(감독 이상기, 2008)의 경우 서사적 공간은 서울 명동 한 복판이지만, 부산에서 올로케이션 되었다. 이것은 무엇을 말하는가. 부산이 서울의 충분한 대체가 될 수 있었다는 것을 보여준다.

이제 부산은 과거 순박한 바다 처녀 '해순이'(〈갯마을〉, 감독 김수형, 1978)의 아우라만 가득 찬 지방의 소도가 아니라, 서울과 같은 메가도시의 이미지를 취할 수 있게 되었다는 말이다. 그러나 최근 천만 기록을 넘은 영화 〈도둑들〉(감독 최동훈, 2012)은 주인공이 국제적 도둑이 될 수밖에 없었던 슬픈 가족사를 재현하는 장소로 부산의 오래된 주상복합건물 '부산 데파트'(1971년 준공)를 선택했다. 글로벌(홍콩)과 로컬(부산)이라는 대비적 구도를 지니고 있는 이 공간은 마카오 박의 과거에 대한 은유적 공간이다. 홍콩 - 부산 - 홍콩으로 이동하는 경로에서 부산의 위치는 대도시의 이미지를 차용한 것이 아니라, 오히려 대도시 부산에서 오래된 슬럼의 이미지를 편취했다.

공간적으로 근대 부산의 흔적이 남아있는, 혹은 개발의 불도저가 아직 미치지 못한 원도심 주변은 '오래된' 것을 찾는 카메라에 잡히고, 현대의 새로움을 찾는 카메라는 해운대 중심의 스펙타클 이미지를 절취하고 있다. 이러한 비동시성의 동시성을 한 프레임 안에 잡아낼 수 있는 곳이 부산이라는 것이다. 그렇다면 이제 부산은 과거와 현재, 전통과 현대, 시골과 도시, 향수와 스펙타클 등을 넘나들며 입맛대로 고를 수 있는 공간이 된 셈이다. '거대하고 복합적인 세트장'으로서 부산은 영화 안에서 최첨단의 도시가 되기도 했다가 조폭들의 도시가 되기도 했다가, 여전히 착한 시골마을이 되기도 하면서 부산의 이미지가 전파되어 간다.

특히 문화예술의 상징권력은 화폐자본보다 더 무서운 상징자본을 가지며, 정보의 헤게모니를 강력하게 행사한다. 이때 매체 담론의 효과는 그것에 의한 현실의 특정한 재현을 당연한 것으로 인식하게 하는 점이며 이로써 이데올로기 자체가 은폐된다.[1] 매체의 포함과 배제의 원칙은 대중들에게 문화의 소비와 취향에 대한 자명성과 오인효과를 생산한다. 이러한 오인의 효과를 지배하는 것이 무엇인가. 여기에는 말할 것도 없이 자본의 논리가 개입되어 있다. 그로 인해 야기되는

---

1 박선웅, 「스튜어트 홀의 문화연구 - 이데올로기와 재현의 정치」, 『경제와 사회』 45, 2000, 149쪽.

상징폭력은 대중문화의 장에서 표상의 이데올로기를 낳는다. 다시말해 대중문화의 경향이 하나의 트랜드에 의해서 획일화되고, 그 획일화가 문화자본의 독점을 낳으며, 정보의 과잉을 낳고, 다른 문화적 자원과 정보가 배제되는 표상의 이데올로기를 낳게 되는 표상의 논리는 개인의 감정상태를 지배하기도 한다.[2]

이 글은 이제 더 이상 현실의 매개도구가 아니라, 형성도구[3]로서의 대중매체의 성격을 전제하고 대도시 부산이 대중매체에 의해 어떻게 디자인되는가를 보려 한다. 최근 '부산영화'라는 표현들이 여기저기서 등장한다. 부산영화가 무엇인가? 부산에서 촬영한 영화인가? 부산이야기를 담은 영화인가? 부산의 장소가 등장한 영화인가? 부산영화의 범주와 개념에 대한 논의는 복잡한 층위를 지니고 있다. 이 복잡한 논의를 대략적으로 압축시켜 보면 다음과 같다. ① 부산을 공간적 배경으로 한 영화 ② 부산성을 드러낸 영화 ③ 부산에서 촬영한 영화 등 그 정의는 다양하다. 그런데 이러한 논의는 다음과 같은 문제점들을 안고 있다. ③ 부산에서 촬영한 영화의 경우, 영화 내용과는 무관하게 부산에서 올로케이션하고 있는 영화들까지도 포함한다. 이것을 부산영화라고 할 것인가. ②의 경우는 부산성에 대한 전제논의가 먼저 이루어져야 한다. 뿐만 아니라, 이러한 논의가 범하고 있는 오류 중 대표적인 것이 '부산성이 무엇이다'라는 선험적 전제에서 출발된다는 점이다. ③의 경우 현재의 추세로 보아 지자체의 영화 인프라는 긍정적인 전망을 가지고 있고, 이에 부산은 이전보다 더 많은 영화제작이 이

2 이동연, 『문화자본의 시대』, 문화과학사, 2010, 85~90쪽 참조.
3 임영호 편역, 『스튜어트 홀의 문화이론』, 한나래, 1996, 255쪽.

루어지는 장소가 될 것이다. 그렇다면 한국영화의 과반이 부산영화인가? 부산영화에 대한 개념 규정은 이 자리에서 간단히 논의될 수 없는 문제이다.

그래서 이 글에서는 다만 부산을 영화의 서사적 공간으로 차용하고 있는 영화에 한정해 보기로 한다. 부산에서 로케이션한 영화중에서 부산이라는 공간을 전면적으로 차용하고 있는 영화에 한정하여, 도시 부산을 어떻게 재현하고 있는가를 보기로 한다.

2. 미디어의 이동과 공간의 탄생

주지하듯이, 일제 식민지 과정을 거치면서 전통적인 기능을 갖춘 동래가 해체되었고 용두산을 둘러싸고 있는 대신동, 남포동 일대와 세관이 있던 초량을 비롯한 부산진을 그 중심으로 개발함으로써 전통성과 분리된 새로운 근대적 부산공간이 형성되었다. 식민지 근대도시의 출발지였던 중구는 산업화가 본격화되던 1960~70년대에도 부산의 중심지 기능을 유지하였다. 그러나 1980년대 이후 시가지 확장, 시청과 경찰청의 이전 등으로 진구 서면 일대가 부산의 지리적 중심부가 되면서 새로운 상업중심지로 등장했다. 또한 1990년대 이후부터 본격화된 해운대, 화명지구의 신도시개발은 상업중심기능을 다시 북구, 해운대로 이동시켰다. 여기에다 부산의 산업구조가 1960~70년대의 제조업 중심에서 유통, 서비스업으로 옮겨가면서 국제적 유통, 서비스산업이 활성화될 수 있는 최적의 요건을 갖춘 해운대가 새로운 중심지로 부상했다.

남천동과 해운대 센텀시티를 잇고 있는 국내 최대의 해상교량 광안대교는 완공(2002.12) 이후 부산의 대표적 상징물이 되었고, 영화영상, 정보통신, 상업유통, 국제전시컨벤션 기능까지 갖춘 해운대 센텀시티, 마린시티는 소비도시의 전형으로 개발되고 있다. 또한 주목해 볼 수 있는 것은 부산의 외곽에 있었던 강서구 일부(1989), 1995년 기장군의 부산편입으로 부산의 북서부, 동부권을 중심으로 하는 대형 개발들이다. 이 공간은 한편으로는 여전히 부산의 외곽에서 부산의 내부와 또다른 경계를 형성하고 있다. 이러한 부산공간의 재편과정이 시기적 일치 여부를 떠나 한국영화에서 부산을 소비하는 이동의 궤적과 닮아 있다. 아래는 부산 영화 촬영지의 분포를 나타낸 지도다. 이 지도를 보면 분포도의 변화가 감지된다.

다음의 씨네 맵을 보면 시기별 공간적 이동추이를 발견할 수 있다. 영화 안에서 발견되는 공간의 이동은 부산시의 공간개발 방향과 맞물리고 있으며 이는 글로벌 질서 안에서 '세계도시'의 컨셉을 수용한 부산시의 논리와도 맞물린다. 이러한 공간적 이동은 크게 3단계로 개괄해 볼 수 있다. 첫째, 지도 ①, ②를 보면, 2000년 중반까지 부산항을 끼고 있는 원도심 일대가 영화의 주된 배경지로 분포되어 있다. 둘째, 지도 ③은 2000년 중반을 넘어서면서 수영만, 해운대 등이 급부상하고 있음을 보여준다. 셋째, 지도 ④에서 가시적으로 확인할 수 있는 장소적 이동은 이전의 원도심-해운대의 이분 구도에서 벗어나 있던 동래

① ~2002

② 2003~2005

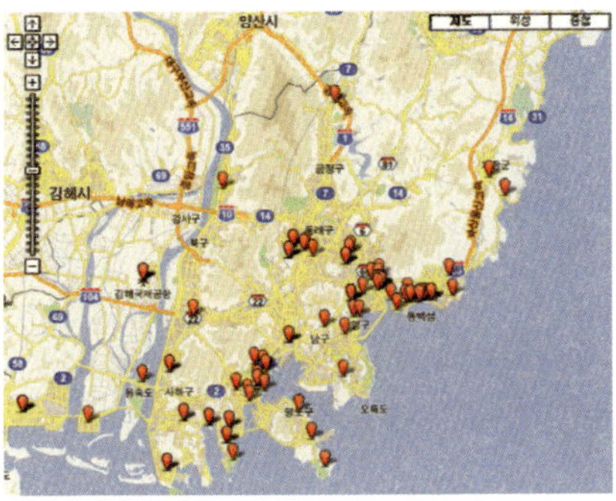

③ 2006~2008

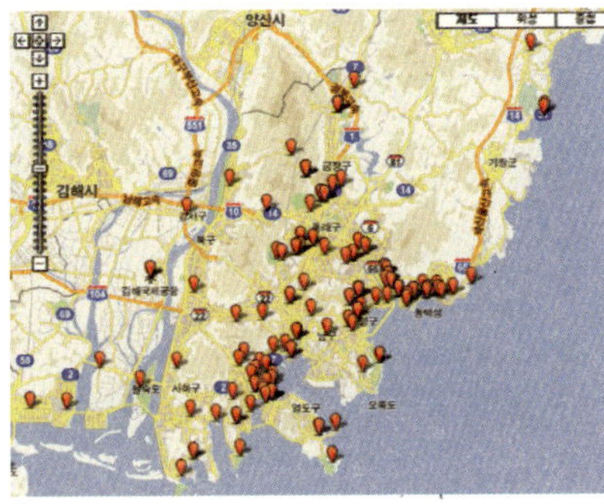

④ 2009~2011

부산 영화 촬영지 분포도4

나 부산의 외곽 강서, 기장 등이 영화의 새로운 장소로 등장하고 있는 점을 발견할 수 있다.

원도심 주변은 대개 도시의 슬럼이나 낙후성, 오래된 흔적 등의 재현공간으로 등장했다.[5] 깡패영화들이 원도심 배경이 많은 것도 이와 관련 있다. 반면, 최근의 영화들은 해운대에서 원도심의 오래된 분위기와는 정반대의 첨단 이미지들을 절편해 선취하고 있다. 특히 센텀

---

4 자료 출처 : 부산영상위원회 http://www.bfc.or.kr/main/index.php

5 여기에 대한 선행 연구로는 김필남, 「영화, 부산을 향한 영화들의 무한 질주」, 부산대 한국민족문화연구소, 『지역, 예술을 말하다』, 소명출판, 2012, 150~155쪽 참조.

시티, 마린시티 등 아시아 최대의 마천루를 모방하는 도시 해운대는 더 이상 지방 소도의 엘레지를 연출하는 해운대를 상상하기 어렵게 했다. 해운대가 급부상하는 데는 해운대의 이국적이면서도 화려한 스펙타클이 호출되었다. 부산이라는 인증샷이 된 광안대교, 컨벤션센터, 센텀시티, 마린시티의 초호화 고층건물들은 스펙타클한 소비도시 이미지를 영화에 담아내기에 적합했다. 바로 이런 점 때문에 해운대의 스펙타클은 부산의 일상적 장소를 삭제하기에도 아주 용이하다. 해운대 주변의 초고층 빌딩들은 지방 부산을 담아내는 것이 아니라, 대도시의 위용을 담아내기 위함이고 여기서 대도시답다는 것의 기준은 이미 외부로부터 주어진다. 영화를 제작하거나 관람하는 자들에 의해.

한편, 부산의 전통공간인 동래 지역 또한 야구장과 함께 등장하는 빈도가 높아졌다. 이는 부산 = 야구의 이미지 부상과 무관하지 않다. 영화서사의 플롯과 무관하게 기어이 야구를 삽입하는 영화들이(〈위험한 상견례〉, 〈내사랑 내곁에〉, 〈해운대〉) 늘고 있다. 뿐만 아니라 최근 원도심/해운대의 이원화된 공간을 벗어나 부산의 외곽지역, 기장군, 강서구 등지가 새로운 영화공간으로 전면화된다. 재개발과 도심의 고층화로 이전의 지역성을 대변하던 촌스러움을 더 이상 도심 안에서 건져 올리기가 힘들어졌다. 도시외곽, 도시도 아니고 농촌도 아닌 '어중간한' 흔적 때문에 기장, 강서 등지는 세련된 도시의 이미지에서 멀어질 수 있는, 그러면서 향토의 순박한 영상을 담아낼 수 있는 공간으로 선택된 셈이다.

영화지도를 통해 나타나는 공간의 이동추이가 원도심–해운대–외곽지대의 순으로 반드시 직선적인 행보를 보이는 것만은 아니며 이러한 것들이 복합적으로 뒤섞여 있다. 부산이라는 도시 자체가 '자유, 창조, 풍요의 발전, 문명의 얼굴과 빈곤, 소외, 범죄의 모순·갈등의 얼굴이 공존하는 도시의 야누스적 두 얼굴을 하고 있다. 영화 부산은 이러한 야누스적인 얼굴을 공간이동, 분할 등을 통해 보여주고 있다. 뿐만 아니라 이제 탈근대도시의 면모를 해운대방면의 스펙타클을 통해 선취하고자 한다. 이처럼 영화 부산은 보다 복잡한 프랙탈이 돌고 있는 공간을 재현하고 있다.

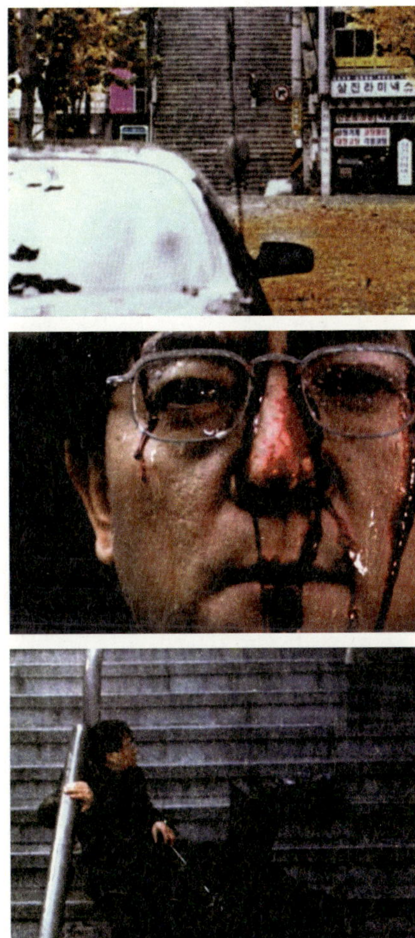
영화 〈인정사정 볼 것 없다〉 중에서

3. 모던보이 서울 / 변두리깡패 부산

옆은 영화 〈인정사정 볼 것 없다〉의 컷들이다. 이 세 컷을 연결시켰을 때 떠올릴 수 있는 이미지는 무엇인가. 저 유명한 40계단 살인사건.

부산을 영화적 공간으로 차용한 영화들을 일차적으로 인상비평의 차원에서 볼 때, 정형화된 형식을 발견할 수 있다.

영화 〈친구〉 포스터

우선 범죄도시 부산의 이미지가 강한 것은 분명하다(이것은 영화작품의 내적인 면보다 수용자에게 미친 효과에 중점이 주어져 있다. 주로 영상이미지의 강렬함이나 흥행의 정도가 이를 결정하는 주요 변수가 되었을 것이다).

이러한 계보들 중 단연 곽경택 감독 〈친구〉(2001)의 흥행은 영화 안팎의 대중들을 부산으로 시선을 돌리게 했으며 이로 인해 '유사' 〈친구〉들이 부산의 이곳저곳을 점령했다. 부산의 어두운 골목과 거친(비하되었던) 사투리가 상품이 될 수 있다는 것을 만천하에 알린 것은 뭐니뭐니 해도 영화 〈친구〉라는 사실에는 이의가 없다. 개봉 당시 800만을 넘은 영화의 인기는 마치 부산이, 부산의 사투리가, 부산의 조폭이 전국을 접수한 듯 했다.

특히 친구들 우정의 클라이막스인 자갈치시장 골목-기찻길(부산 진시장 뒤) 육교-삼일극장(범일동 철길육교에서 삼일극장까지 '친구들의 질주' 6백미터 길을 '친구의 거리'로 명명)에 이르는 달리기 씬scene은 '피보다 진한 우정으로 뭉친 형제애의 압권이다. 이들이 달리는 자갈치 시장 골목, 보수동 골목, 용두산공원, 문현동 곱창골목 등등 부산의 장소들과 결합하면서 부산 남자들의 '우정과 의리'가 상품화되어 갔다.[6] 이 영화는 동일한 감독에 의해 다시 〈친구, 우리들의 전설〉이라는 타이틀로 TV드라마(mbc, 2009.6~8)로 리메이크되기도 했다.

〈친구〉는 전국민의 향수와 추억을 자극하면서 전국을 강타한 셈이다. 포스트모던 사회는 추억과 향수를 화폐로 쉽게 교환한다.[7] 그 추억은 지금 현재의 나와 시공간적으로 동떨어져 있다. 그때와 거리를 확보하고 있는 나는 그것과 동일화되지 않으면서 얼마든지 그것을 향유할 수 있다. 이때 나는 그 시절 그곳으로 돌아가는 것이 아니라, 그것과 거리를 유지하며 적절하게 즐길 수 있다(매번 우리는 그때로 돌아갔다고 착각하지만). 1970~80년대의 배경을 하고 있는 〈친구〉의 열광에는 이러한 원리가 내재되어 있다. 이 열광의 이면에는 범죄와 변방의 결합이 주는 시너지 효과가 놓여있었음을 부인할 수 없다. 우정이라는 고귀한 가치도 섞여있고, 저 멀리 있는 지방의, 거기서도 도심부에서 떨어져있는 곳에서 노스탤지어라는

〈친구〉의 명장면으로 꼽히는 달리기 씬 중 자갈치 시장. 자갈치 건어물 시장 입구에 〈친구〉 촬영지라는 안내판이 세워져 있다.

6 다음 블로그 글을 보면, 〈친구〉의 컨셉을 이용하고, 〈친구〉의 촬영지를 둘러보는 것이 여행 일정에 포함되어 있다. 이것은 영화 〈친구〉의 파생품으로 볼 수 있다. "자 이번 부산 여행은 정말 가까운 친구들과 함께 하시길 빌며, 친구 네 명 이상 함께 나오시는 분들은 35,000원으로 부산 여행을 다녀오실 수 있으니 서둘러 친구들에게 연락 한번 해보심이 어떨지……. 친구들이여! 무작정 떠나자 부산으로~ ~ ~ 영화 〈친구〉 촬영지 둘러보기 / 영도대교(어린 시절 영도대교를 건너던 장면) / 자갈치시장 (넷이 달리기 경주를 하던 장면 외……) / 용두산공원(부산탑 위에서 이야기를 나누던 장면) / 12 : 00 점심 식사(자유식) / 13 : 00 영화 〈친구〉 촬영지 둘러보기 / 국제호텔(동수가 안타깝게 죽던 마지막 장면) / 삼일극장(극장 내에서 패싸움을 하던 장면) / 낙동강 하구둑(교복 입고 사진 찍은 장소)" (http://cafe.daum.net/smwueco/FAY/1266?docid=B5v)

7 이동연, 앞의 책, 93쪽.

이름으로 재생된 지방의 폭력은 아련한 추억으로 얼마든지 꺼내볼 수 있는 일이었던 셈이다. 부산에 사는 나 역시 그것과 거리두기를 하면서 얼마든지 유쾌하게 볼 수 있는 일이다. 거리가 발생해야만 유쾌할 수 있는 이 영화는 곧 모던보이 서울과 변두리깡패 부산이라는 모종의 관계를 연상하게 한다.

〈친구〉의 흥행 이후 부산을 영화적 공간으로 차용하고 있는 많은 영화들이 깡패들과 부산을 손잡게 하고 있다. 그리하여 부산은 '범죄의 도시'로 재구성된다. 이미 표상되어 있는 거친 바다의 도시 부산이 남성조폭들과 결합되어 그 이미지는 더욱 강렬해지고, 부산의 이곳저곳은 불안과 공포를 야기하는 공간이 된다. 원도심의 어두운 골목이나 부산항을 주무대로 활동하던 깡패들은(〈인정사정 볼 것 없다〉, 〈친구〉, 〈사랑〉, 〈사생결단〉, 〈무적자〉, 〈범죄와의 전쟁〉, 〈부산〉, 〈도둑들〉), 이제 광안리, 수영만, 해운대 등지로 이동하며(〈우아한 세계〉, 〈푸른 소금〉, 〈마린보이〉, 〈마이 뉴 파트너〉) 부산 전역의 범죄화를 선언한다.

깡패영화의 반복된 장르가 지속되는 동안 부산의 공간은 미디어의 '상징폭력'에 의한 자명성과 오인의 효과를 생산해 내었다. 이제 오히려 현실은 영화가 이미지로 구현한 파생실제 속에 흡수되어 그 자체의 실재성을 상실[8]하게 되는 것이다(이러한 논의가 자칫 '부산영화'에 '부산'이 없다는 말로 오인되지 않기를 바란다) 이처럼 유사반복의 영화적 관습이 지속될수록 부산 로컬리티의 다층적 주체들은 타자화되고 모든 사건들이 지니는 고유한 성격들은 약화되고 등가적이고 동질적인 기호가 된

8 윤선희, 「포스트모던 영상미학의 아우라와 시뮬라시옹」, 김성재 외, 『매체미학』, 나남, 1998, 258쪽.

다.[9] 그래서 '범죄도시'의 그늘은 부산 구석구석을 점령하며 폭력적인 동질화를 구현하고 있다.

최근 들어 남성조폭들의 세계를 비집고 '억척어멈'의 계보가 형성되기 시작하고(〈우리형〉, 〈애자〉, 〈봄, 눈〉), 야구도시 부산의 이미지가 끼어들기도 한다(〈불편한 상견례〉, 〈마이 뉴 파트너〉, 〈해운대〉, 〈퍼펙트게임〉). 뿐만 아니다. 빈곤의 아이콘이었던 산동네가 한 폭의 미담美談으로 등장하고(〈1번가의 기적〉), 잘 알려지지 않은 장소들까지 영화의 공간으로 등장하면서(〈해운대〉) 영화는 부산이라는 장소의 판촉화에 앞장서고 있다.

4. 순정의 엘레지—성스러운 폭력, 제의적 공간

깡패 영화에서 반복적으로 나타나는 추억이라는 장르와 변방의 결합에서 변방은 언제나 우정, 첫사랑, 가족들의 흔적이 남아있는 공간으로 재현되었다. 이것은 사시미 칼과 총탄에 스러져 가는 이 공간에 '섬광처럼 빛나는' 흔적이면서 기원에 대한 환상과 연결되었다. 이러한 영화 문법은 깡패영화들에서 관습적으로 등장했다.

순수한 시원으로서의 타자에 대한 열망은 이국적이고 스펙타클한 해운대도 비껴가지 못한다. 1,000만 관객을 돌파하며 흥행에 성공한

9 배영달, 『보드리야르와 시뮬라시옹』, 살림, 2005, 117쪽.

영화 〈해운대〉 중에서

영화 〈해운대〉 역시 초고층 건물의 틈새에서 살아남은 '선한 어촌마을'을 탄생시킨다. 영상과 서사의 부조화는 한 시간 이상 화면을 가득 채우는 쓰나미의 CG와 아우성의 사운드 안에 묻혀 버린다. 모두가 죽어나가는 초메가톤급 쓰나미에도 살아남은 이 어촌마을에 대해 관객들은 이후 더욱 견고해진 공동체가 될 것이라는 상상을 한다. 이 자리는 공동체의 신화가 탄생하는 자리이다. 이 공동체는 무수한 갈등과 협상의 정치를 통해 구성되는 공동체가 아니라, 허구의 상상 속에서 만들어진 공동체이다. 이러한 공동체를 탄생시키는 시선은 어디에서 비롯하는가. 공동체 내부가 아니라, 외부에서 상상된 공동체이다. 여기에는 공동체를 탄생시키는 중심-주변의 위계구도가 형성되어 있고, 추억 혹은 훼손되지 않은(않아야 하는) 원본에 대한 열망이 투사된 결과이다.

파라솔이 넘쳐나고, 국제회의가 연일 개최되고, 재개발의 광풍이 불고 있는 광란의 해운대에 선한 어촌마을의 탄생을 위해 '노아의 방주'같은 큰 제단이 필요했다. 이 과정에서 산 자와 죽은 자의 경계가 결국 선 / 악의 인과구도로 잡히고 살아남은 사람들은 해운대 변방의 작은 어촌마을사람들이었다. 선과 악을 나누고, 나와 너를 나누고……. 이렇게 솎고 솎아 탄생된 '우리'만의 공동체는 근대적 공간을 지배하는 가장 기본적인 통치술이었다. 조폭이건, 가족이건 부산을 배경으로 하는 영화를 보면, 여기에는 공통적인 제의가 놓여있음을 발견하는 일은 어렵지 않다. '부산의 승리', '지역 브랜드를 제고시키는 대표적 사례' 등으로 영화 〈해운대〉가 평가되는 이면에는 이렇듯 전근대적인 선한 어촌마을의 표상이 오롯이 자리잡고 있다, 근대적 시선에 의해 탄생된…….

이러한 제의는 부산에 기대고 있는 영화들에 공통적으로 나타난다. "피는 물보다 진하다"는 삼촌의 말은 죽음으로 증명되고(〈사생결단〉), 처음으로 형이라 부른 날 형은 주검으로 돌아오고(〈우리형〉), 죽어서야 형과 함께 달렸던 유년의 운동회를 복원시킨다(〈무적자〉). 자신의 성공을 위해 아들을 외면했던 아버지의 죽음으로 아들이 살 수 있고(〈부산〉) 이웃사람 수연의 죽음으로 와해되기 일보직전이었던 '아파트공동체'가 재탄생된다(〈이웃사람〉). 엄마의 죽음으로 제각각이었던 가족 구성원들은 서로를 보듬는다(〈봄, 눈〉, 〈애자〉). 이들의 죽음에서 공통적으로 제의적 양식이 발견된다. 금기가 재생산되는 지점으로서. 즉, 이들의 죽음은 현재 불안하고 위태로운 공간을 안정된 화해의 공간으로 봉합하는 역할을 한다.

르네 지라르R. Girard는 모든 사회적 질서는 기원적인 폭력의 열매라고 전제한다. 폭력은 집단적 욕망을 배면에 숨기고 있으며, 결국 우리 모두가 어떤 형태로든 그 폭력에 연루되어 있다는 것이다. 이 끝없는 폭력의 연쇄는 희생양을 발견함으로써 일시적으로 중지되며 희생양은 이러한 폭력을 중지시키는 계기로 성화된다. 폭력모방의 욕구를 희생양에게 전가시킨 뒤 전체사회의 조화와 통합을 당분간 극대화한다.[10] 이런 점에서 재난영화의 컨셉을 차용한 영화 〈해운대〉는 거대한 희생제의의 총체적 양식을 보여준다. 쓰나미는 무차별적 희생을 불러오며 집단적 제의를 통해 정화되는 공간, 해운대를 탄생시킨다. 더 이상 부산의 야심찬 유토피아 프로젝트[11]를 허용하지 않고 조용한 미포의 어촌마을공동체를 복원시키고야 마는 저 보이지 않는 손의 정체는 무엇인가.

레이초우는 문화적 위기의 순간에 원시적 관심이 나타나며 이는 다시 기원에의 환상을 불러오고 이 환상은 잃어버린 기원과 관련된 어떤 것을 대신하게 된다고 했다.[12] 이때 '사후 발명된 기원'은 보편적이

10 르네 지라르, 김진석·박무호 역, 『폭력과 성스러움』, 민음사, 1993, 17~20쪽 참조.
11 김영준, 『부산, 길 위에 서다』, 『대중문화를 통해 부산 들여다보기』, 부산발전연구원, 2006, 43쪽.

고 누구에게나 투명하게 보이는 한편, 시간과 언어의 외부에 존재하는 것과 같이 생각할 수 없는 것을 생각 가능케 한다. 그래서 "기억의 노를 저어가는"(〈친구〉) 추억의 저쪽 공간에 대한 환상은 근원적인 것에 대한 갈망과 쉽게 연결된다. 근원적 순수를 향한 열망의 과잉은 피가 낭자한 거리에서 우정을 거듭 강조하고 고향의 유토피아가 실현된다. 시원의 고향을 탄생시키는 이러한 시선은 순수와 폭력(희생과 제국)을 동시적으로 체현하는 공간의 역설을 탄생시킨다.[13]

이러한 시선 안에서 타자에 대한 상징폭력은 기존의 표상체계를 더욱 강화시킨다. 근대 국민국가에서 탄생한 지방에 대한 이중적 시선은 지방(고향)을 낙후되어 있으면서도 순수한 시원이 자리 잡고 있는 공간으로 탄생시키는 원리에 의해 발생된다.

5. 세계도시, 수평선 너머의 상상

부산항은 부산의 관문뿐만 아니라, 대한민국의 관문이었다. 그러므로 이곳은 대한민국 법의 최초 집행지이기도 하고 최후 보루이기도 하다. 그래서 이 공간은 이곳과 저곳의 경계지점이 되는 셈이다. 그러

12 레이 초우, 정재서 역, 『원시적 열정』, 이산, 2004, 44~45쪽 참조.

13 최근 공영방송에서 방영된 〈해운대 연인들〉(KBS 드라마, 2012.8.6~9.25, 16부작)은 순진한 시골처녀와 위선과 음모로 가득 찬 서울 재벌의 구도에다 부산에 익숙한 퇴물 조폭을 섞어 넣은 '원시적 열정'의 최고 결정판이다.

마약제조책인 상도의 삼촌이 상도를 협박하는 장철을 죽이기 위해 부산항으로 돌진하는 장면(영화 후반부). 영화 〈사생결단〉 중에서

혁과 철이 형제애를 확인하는 순간 형은 죽음을 맞이한다. 이어, "너거 나라로 돌아가라"며 조소하는 태민을 죽이고 결국 자살을 하는 탈북자, 철. 영화 〈무적자〉 중에서

나 영화 안에서 이 경계지는 항상 아버지(국가)의 법으로 포획되는 순간을 극대화하기 위한 장치로 작동된다. 〈사생결단〉이나 〈무적자〉, 〈도둑들〉의 고아들은[14] 부산항이라는 경계지에서 경계를 넘는 자/넘지 못하는 자로 나뉘는데, 이를 작동시키는 주체는 '대한민국의 관

14 부산을 배경으로 하는 조폭영화의 전형 중의 하나가 주인공들이 고아라는 데 있다. 고아가 된 데는 각각의 사연이 있지만, 고아의 설정은 '아비부정'과 함께 '가족로망스'에 강렬하게 기대고 있음을 보여준다. 권유리야는 낙후된 원도심이 아비가 있는 곳으로 상정하고 고아의 설정은 이를 벗어나는 장치라고 하였다. 그러나 고아의 설정은 비단 원도심공간과만 매개되어 있지는 않다. 이러한 고아의 설정은 조폭영화의 장르적 관습으로도 볼 수 있다. 아비부정은 현재의 나를 정당화할 수 있는 근거가 되기 때문이다.

문'이라는 상징, 곧 '아버지의 법'이다. 이 아버지의 법은 배제적 포섭이라는 통치 안에서 근대적 공간을 공고히 하고 있다. 그러므로 부산항은 개방과 폐쇄의 이중성을 동시에 내포하고 있다. 영화 〈무적자〉의 엔딩 장면에서 탈북 형제들을 향해 쏟아낸 "너거 나라로 돌아가라"는 대사는 이 공간의 폐쇄성을 극대화한다. 결국 죽음으로서 형제의 고향(북한)으로 돌아가는 설정은 '부산성'으로 이야기되는 개방성, 혼종성을 되묻게 한다. 결국 이 공간은 금기를 위반한 자들에 대한 처벌의 공간이고, 이를 통해 다시 금기의 영역이 강하게 확인되는 공간이다. 오늘날 '아시아 게이트웨이Asian Gateway'[15] 프로젝트로 재구성되고 있는 부산항은 영화 안에서 금기와 위반의 경계가 긴장하는 곳이며, 이곳이 탈주의 마지노선으로 배치됨으로 긴장은 극대화된다.

최근 1,000만 관객을 동원한 〈도둑들〉(2012) 역시 항상 누군가에게 쫓기고 도망칠 수밖에 없는 '도둑들'의 운명을 여객터미널과 부두 등의 장소를 통해 '도둑들'의 불안한 이미지로 전달한다. 그러나 마지막 장면은 마지노선이었던 부산항의 공식을 깨트리고 있다. 주인공 '마카오 박'은 탈출에 성공한다. 이 영화는 당초 중국마피아와 한국도둑이라는 전사前史에서 시작되었음을 영화 후반에 가서 밝힌다. 마카오 박이 탈출에 성공할 수 있었던 것은 바로 여기에 있다. 한국 / 중국이라는 경계 위에서 아버지의 원한을 갚는다는 서사가 개입됨으로써 경

15 아시아 게이트웨이의 대략적인 요지는 다음과 같다. 부산항은 관문도시에서 세계물류의 네트워크 중추도시 기능을 할 수 있는 국제적인 교통의 결절지이다. "북항재개발사업, 고속철도 역세권 개발사업, 자갈치 임해부 개발사업, 영도 해안역 일원을 하나로 통합하는 아시아 게이트웨이Asian Gateway프로젝트가 완성되면 우리나리 해양관광의 메카로서 원도심 재창조의 커다란 동력으로 작용할 것이다. (부산시, 『2020 부산비전』)

〈태풍〉의 주인공이 탈주하는 장면. 씬은 한국정보부와의 추격전 끝에 해운대에서 요트를 타고 탈주에 성공한다. 이때 플라이캠을 이용하여 광안대교와 해운대 먼 바다까지 잡아내고 있다. 푸른 바다의 영상을 탈주(자유)의 표상으로 최대한 활용하고 있다.
영화 〈태풍〉 중에서

계를 넘지 못하면 결국 더 큰 아버지(국가)의 몰락으로 이어지기 때문이다.

이에 비해 〈태풍〉의 주인공 '씬'은 수영만 요트장을 통해 유유히 탈주에 성공한다. 〈무방비도시〉의 국제적 소매치기 '백장미' 역시 수영만 요트장을 통해 일본으로 떠난다. 이들은 공통적으로 국제적인 조직망을 가지고 있으며, 또한 외부에서 들어온 사람들이라는 공통점을 갖는다. 탈북자인 씬은 북한-동남아-서울-부산이라는 이동경로에 있는 사람이고, 백장미는 서울-일본-서울-부산이라는 경로 위에 있다. 여기에서 부산은 단지 탈주를 위한 통로로만 제시되어 있을 뿐이다. 열려 있지만, 마지막 보루의 이미지를 제공했던 부산항과 달리 탈주의 길을 열어주는 통로의 이미지는 위로는 광안대교, 앞으로는 태평양 바다의 이미지와 연결된다.

주인공 천수는 마약운반을 하고 있지만 요트를 타고 먼 바다로 나가며 팔라우 섬에 대한 꿈을 접지 않고 있다. 먼 바다까지 잡고 있는 카메라의 시선은 천수의 낭만적 환상과 결합된다.
영화 〈마린보이〉 중에서

〈푸른 소금〉의 주인공 두헌이 요리학원을 마치고 집으로 돌아가는 길 방파제에 앉아 휴식을 취하고 있는 장면.
영화 〈푸른 소금〉 중에서

특히 〈마린보이〉나 〈푸른 소금〉에서 해운대는 새로운 파라다이스로 향하는 길목이 되기도 한다. 부산항이 막다른 골목으로 재현되었다면, 해운대 바다는 범죄와 바다의 낭만적 결합을 제시한다. 이러한 낭만적 결합은 음습하고 칙칙한 부산항의 영상적 이미지[16]와는 다르게 표현되게 한다. 남녀 주인공들의 멜로가 중심서사 플롯이 되고, 이 멜로의 완성을 위해 바다는 밝고 푸른 오아시스 같은 이미지와 결합된다. 금기의 마약과 연계되어 있는 바다지만, 해운대 바다의 소실점은 아득한 태평양으로 이어지고 있음은 이 때문이다. 〈마린보이〉에서는 마약운반책인 천수와 보스의 딸 유리의 시간이 파라다이스 '팔라우' 섬으로 이어지고, 〈푸른 소금〉에서는 조직에서 탈퇴한 두헌과 킬러 세빈의 꿈을 이루는 남태평양 섬의 시공간으로 확장된다. 이때 해운대는 더 큰 바다를 연계하는 통로가 된다.

해운대 공간에서는 더 이상 국민국가의 경계가 작동하지 않는 곳으로 설정되어 있다. 그러나 여기에는 글로벌 자본이라는 더 강력한 경계를 만나면서 또 다른 경계지점이 은폐되고 있다. 예를 들어 천수와 유리의 낭만적 사랑이 가능하게 하는 바다 속의 마약(〈마린보이〉), 돈으로부터 자유로운 두헌과 돈 때문에 킬러가 된 세빈(〈푸른 소금〉)의 관계를 은폐시키면서 이들의 파라다이스행을 환상적으로 재현하고 있는 것은 이러한 점을 잘 보여준다.

이처럼 원도심에서 해운대로의 이동은 영화 안에서 막힘 / 열림, 오래됨 / 새로움, 밤 / 낮, 낙후 / 발전, 과거 / 미래, 인정 / 비정, 아날로

---

16 김남석, 「2000년대 한국영화에 나타난 '부산 바다'의 이미지 연구」, 부산문화재단, 『아쿠아시티 부산』 31, 2010, 29쪽.

그 / 디지털, 근대 / 탈근대 등등으로 은유되면서 다시 공간적 이분화 양상이 발견된다. 이러한 점은 부산관광에서도 잘 드러난다. 근대적 역사문화자원에 바탕하고 있는 원도심 일대의 관광경로와 국제영화제, 국제컨벤션센터, 아시아최대 쇼핑센터 등의 세계를 지향하고 있는 해운대 주변의 관광경로에서도 명확하게 구분된다.

최근 인기리에 방영되었던 TV 드라마 〈골든타임〉의 경우는 압권이다. 응급환자 이송을 위한 헬기가 해운대 상공을 가로지르는 씬에서 전후의 긴박함은 없고 해운대의 초고층 빌딩, 광안대교, 요트장 등 스펙타클한 이미지를 유유히 카메라에 담고 있는 포즈는 누구를 위한 장치였던가. 부산 사람에게는 "자 봐라, 부산도 이제 아시아 최대의 마천루다", 고향 떠나 타향에 있는 사람에게는 "나의 고향이 언제?" 감격에 겨워할 것이고, 타 지역에 있는 사람들은 "저기가 부산 맞아? 한 번 가 봐야 되겠네" 각양각색의 반응들이 있었을 것이다. 어쨌든 이 장면은 응급상황 속에 기어이 부산관광이 삽입된 꼴이다. 이것이 해운대의 스펙터클 이미지가 절취되는 현장이다. 언제나 하늘 밑의 저 일상바닥과는 무관하게.

한편, 초대형 쓰나미를 동반한 재난영화 〈해운대〉 역시 부산관광을 빠뜨리지 않는다. 영화 〈해운대〉라는 표제가 전적으로 부산의 공간에 기대고 있음에도 관광객의 시선이라는 혐의를 벗기 어렵다. 이에 맞게 카메라는 100만 인파가 몰리는 최대 피서지 해운대, 국제적 행사가 개최되는 세계도시 해운대, 관광객이 아닌 해운대 주민들이 살고 있는 해운대, 해운대에 가면 꼭 가보라는 해운대 포장마차촌, 누리마루 등 해운대의 외연을 넓히며 부산 여기저기를 찾아다닌다. 이러한 시각적 절편은 '관광지'(사직 야구장, 이기대, 광안대교, 테즈락) 부산의 기호에 충실하고 있다. 영화 〈해운대〉에서는 블록버스터 재난영화를 표방하면서 주인공 남녀를 기어이 사직야구장으로 데려 갔다. 야구선수 이대호, 롯데야구단 응원까지 등장시키면서 부산 = 야구도시의 이미지를 담아냈다. 서사의 필연성도 없는 사직야구장은 부산을 담고자 하는 감독의 의지 이상은 별 의미를 지니지 못한다. 더 작위적인 장면은 해운대에 살고 있는 구조경찰이 서울에서 해운대로 피서 온 희미에게 이기대의 전설을 설명하는 장면이다.

그렇다면 영화 〈해운대〉는 부산의 공간이 해운대뿐만 아니라, 야구도 있고, 문화재급 전설도 있는 곳이라는 것을 말해주면서 부산의 공간을 확장시키고 있다. 그러나 해운대의 거대한 영상 이미지에 이 두 공간은 그 의무를 충실히 했는지는 알 수 없다. 더욱이 이기대 전설은 해운대 현대적 이미지와 상반되게 전통적인 공간성이 드러나게 하는 장치이다. 이 공간이 해운대의 샷과는 달리 원거리 설정이 되어 있는데, 이는 카메라가 해운대와 이기대를 현대 / 전통으로 나누며 두 공간을 인식하는 태도의 차이를 드러낸다. 이것은 감독이 의도했던 의도하지 않았든, 열심히 부산의 이곳저곳을 데려가면서도 부산의 내부 공간들이 다시 서열화되어 있는 구도에서 벗어날 수 없다.

해운대의 스펙타클은 부산이 촌스러운 동네가 아니라, '남부럽지 않은 대도시'라는 점을 부각시킨다. 잊을 만하면 카메라는 현실의 생존공간을 초월하여 모든 도시의 풍경을 관망하도록 하는 '광안대교'의 위치에서 해운대 상공을 돌며 초고층의 건물들을 확인시킨다. 이러한 카메라가 관객에게 요구하는 위치가 무엇인지는 충분히 짐작할 수 있다. 글로벌 자본에 포획된 시선에 의해 부산의 신 / 구의 표상들이 나뉘고, 이 표상장치들에 의해 부산이 재구성되고 있다. 이때 부산 공간은 다시 중심 / 주변으로 위계화되며 이 위계는 이미 모방되는 상위공간의 질서에서 벗어나지 않는다. 그럼에도 이곳이 서울과 비교되는 한 다시 서울-부산의 위계가 생성되고, 발전의 척도가 서울에 있음을 보여준다. 서울에서 명함도 내밀지 못하는 비주류 영화감독과 배우가 부산에 내려와 국제영화제를 구경하면서 벌어지는 에피소드는 담은 〈슈퍼스타〉(감독 임진순, 2012)는 이러한 시선을 잘 보여준다.

대한민국 제2의 도시인 부산은 이제 탈근대도시의 면모를 갖추며 세계도시의 아젠다를 제시하고 있다. 그런데 오늘날의 탈근대적 대도시가 보여주는 양상과는 달리 영화 안에서 부산은 근대 / 탈근대의 이분적 구도로 다시 공간이 분할되고 있음을 알 수 있다(대도시의 이미지를 선취했다고 하지만, 풍경으로서의 발견에 그치고 있다는 점은 3절을 참조).

6. 도시의 주변부, 혹은 부산의 여럿

한편, 최근 기장, 강서 등을 배경으로 하는 영화들이 눈에 띈다. 강서나 기장은 상대적으로 늦게 부산에 편입된 지역이다. 강서의 경우 주변도시 김해와 인접해 있으면서 상대적으로 농어촌 인구가 많다. 1995년에 부산에 편입된 기장 역시 농어촌 인구가 많으며 최근에야

신도시개발 계획이 추진 중이다. 이들 외곽 지역은 부산의 도심, 부도심의 체제에서 벗어나 있는 곳으로 상대적으로 개발이 덜 된 곳이고 인구밀집도도 낮은 곳이다. 그러니까 이곳은 행정적으로는 부산이면서 일상은 대도시 부산의 도시적 면모보다는 상대적으로 시골스러운 정취를 지니고 있다. 부산 도심이 국제금융·무역, 정보중심기능 담당에 치중되어 있다면, 강서지역은 항만, 공항물류기능 담당을 기장지역은 자연친화적 관광기능 담당하고 있는 등 생활권의 기능 담당에서도 강서, 기장지역은 외부적 기능을 담당하고 있음을 알 수 있다.

이러한 주변 공간을 영화화하고 있는 〈우리형〉, 〈애자〉는 '가족애'를, 〈도다리〉는 소위 88만원 세대의 우정을, 〈이방인들〉은 죽은 엄마의 과거 시간들을 비로소 만나며 자기치유의 서사를 보여준다. 이곳이 서정적인 공간으로 선택된 것은 알고 보면 이전의 고향, 시골 부산이 담당했던 역할이다. 도심 공간 여기저기가 도시화된 부산의 이미지들이 절취되면서, 카메라는 도시의 냄새가 덜 나는 곳을 찾아다니며 현대 도시인들의 쉴 곳을 마련한다. 이미 부산은 원도심 주변과 해운대 주변으로 이원화되고 있는데다 기장, 강서 등의 외곽지역까지 영화 안으로 들어옴으로 다시 주변부의 주변이 켜켜이 형성되고 있다.

1970년대의 화보가 붙어있는 미장원, 주변을 에워싸고 있는 고층빌딩, 이미 동네보다 더 큰 역사驛舍가 들어와 있는 부산의 끄트머리 낙동강 주변을 영화적 공간으로 차용하고 있는 〈이방인들〉의 공간은 이러한 도시 주변부의 지정학을 잘 보여준다. 〈이방인들〉(감독 최용석, 2012)을 보자. 이방인들의 영화적 공간은 부산의 '끄트머리'다. 몇 년 전 가출했던 연희가 엄마의 기일에 맞춰 고향으로 돌아온다. 연희가

집으로 돌아오는 연희를 따라가는 주변의 공간은 논, 밭, 하천, 그리고 또 한쪽은 지하철의 선로라는 이중적 대비가 제시된다.

엄마의 기일, 엄마의 추억이 있는 강가에 서 있는 연희와 석이.

영화 〈이방인들〉 중에서

거대한 역사를 빠져 나오면 이것과 어울리지 않는 촌스러운 동네를 마주한다. 부산이지만, 도시적 풍경보다는 논밭이 즐비한, 그렇다고 완전한 농촌도 아니다. 또한 연희를 기다렸던 석이는 배에서 그물을 걷어 올리지만 어업을 생업으로 하지 않는다. 이들이 걷고 있는 길 건너편은 고층 아파트들이 빼곡하다. 저편의 고층 건물들로 이곳의 시골스러움은 도드라진다. 이곳은 저편의 차들과 고층건물의 풍경과는 달리 '변한 것이 별로 없다.' 오래 전에 가출해 이 동네를 떠났던 연희는 어린 시절 엄마와 살았던 옛집으로 가는 익숙한 골목의 담장을 금방 확인할 수 있었고, 어린 시절 엄마와 함께 갔던 동네 미장원은 그대로다. 개발의 속도에서 멀어져 보이는, 도시도 시골도 아닌 이곳은 한마디로 '어중간한 곳'이다.

은임 : 실은 저는 여기가 조용하고 따분해서 싫은데

연희 : 그런가? 나는 오랜만에 오니까 이곳이 좋은데

은임 : 에이, 언니는 여기 오래 안 살아봐서 그래요. 어중간하잖아요. 전 그냥 그래요.

— **영화 〈이방인들〉 중에서**

그런데 이 영화의 제목은 이방인들이다. 복수複數의 이방인들이 이렇게 저렇게 겹쳐져 있다. 이방인 연희의 서사만 아니라는 말이다. 화재로 연희의 어머니와 함께 죽은 아버지 때문에 서울에서 '내려온' 석이, 보육시설에 맡겨진 은임이, 공장 화재로 마을에서 경계의 시선에서 자유롭지 못한 장난감공장 사장이자 성가대 지휘자 역시 이 공간

엄마의 흔적을 찾아 마을 여기저기를 다니는 연희

엄마를 찾아 떠나기 위해 보육원을 나온 은임

영화 〈이방인들〉 중에서

에서 이방인이다. 여러 이방인들을 겹쳐놓고 있는 이 영화에서 유독 눈길을 끄는 인물은 은임이다. 중학교 2학년인 은임은 무슨 사정인지는 모르나 엄마와 떨어져 이곳 보육시설에 맡겨져 있다. 지하철, 연희의 옛집, 연희의 엄마가 있었던 보육원 등 연희가 가는 곳마다 부딪친다. 또한 두 사람이 확인은 하지 않았지만 은임이 '제일 좋아한 아주머니'가 알고 보면 연희의 엄마다. 이곳을 싫어하며 늘 마주보이는 저편으로 시선이 가 있는 은임. 과거 이곳을 떠났던 연희의 시선과 만난다.

은임은 이 동네는 조용하고 따분해서 싫고, 이름도 촌스러워서 싫다고 한다. 이 동네 사람이 아닌 낯선 언니를 좋아하고, 촌스러운 이름을 싫어하는 은임의 시선은 길 건너편을 향하고 있다. 각각 마을 안과 밖을 향하고 있는 연희의 시선과 은임은 대비적이다. 영화의 결말부에서 은임은 엄마를 찾아 '어중간한' 이곳을 떠난다. 연희와 은임이 이 마을로 들어오는 데서 영화가 시작되었다면, 영화의 결말은 두 사람의 행보를 어긋나게 함으로 예상치 못한 균열을 맞는다. 변방의 변방이 외부(연희)의 바람으로 작은 균열이 일어나는 지점을 보여준다. 그래서 영화가 끝나는 지점에서 다시 시작점으로 돌아간 셈이다. 연희의 가출 시점으로. 항상 마을 건너편의 대도시를 향하는 은임의 시선과 이제 마을 안으로 들어온 연희의 시선이 어긋나는 지점은 변방의 변방이 놓여있는 위치확인이다.

은임의 시선은 〈도다리 – 리덕스〉(감독 박준범, 2013)에서도 확인된다. 우석, 상연, 청국. 20대 초반의 이들은 하나같이 '되는 게 없는' 소위 '88만원 세대', 그것도 지방의 88만원 세대이다. 뮤지션을 꿈꾸는 청국은 이미 사채에 시달리고 있고, 상연은 호스트바에, 우석은 낮에는 공장, 밤에는 경찰시험 준비로 청춘을 반납해 버렸다. 이들은 부산의 큰 바다를 지나지만, 이들의 공간은 변기가 작동하지 않는 하꼬방, 1평 남짓 고시원, 호스트바 등으로 바다 공간 이미지와는 정반대에 갇혀 있다. 그래서 이들은 "서울에 안 갈래"의 유혹 앞에 한 발 올려놓고 있다. 부재한 현존으로서 서울은 이들에게 세계를 이해하는 기준이 된다. 교과서처럼 살아온 우석은 경찰시험에 낙방하고, 호스트바에서 일하던 상연은 군입대를, 사채 빚에 시달리는 뮤지션은 강도로 위장해 엄마의 통장을 들고 서울로 떠나기로 한다.

상연, 청국, 우석이 기장 바다에서 낚시를 하며 즐거운 한때를 보내고 있다. 영화 〈도다리-리덕스〉 중에서

영화의 마지막 장면은 이들이 떠난 빈 공간을 일일이 다시 잡아내고 있다. 텅 빈 공간, 어디론가 다 떠나 버린 텅 빈 공간, 이 공간은 지방 / 서울의 이분법적 공간의 알레고리 같기도 하고, 공동화空洞化된 도심 어딘가의 얼굴이기도 하고……. 잊을 만하면 프레임을 채웠던 큰 바다의 이미지와는 정반대의 사방이 막혀있는 답답한 공간 역시 바다를 끼고 있는 대한민국 제2의 도시임을 들이민다.

사채에 시달리는 청국의 하꼬방

우석이 경찰시험을 준비하는 독서실

영화 〈도다리-리덕스〉 중에서

그러나 여전히 변방지대는 대도시의 상처를 위무하는 공간으로 대동된다. 이것의 논리가 '착한 주체'로 고스란히 반납될 수 있는 지점도 농후하지만, 한편 이 때문에 끄트머리의 자율성을 발견할 수 있는 여지도 놓칠 수 없다.

〈미스 진은 예쁘다〉(감독 장희철, 2011)는 하루 20번 남짓 기차가 멈춰 서는 동래 기차역을 카메라에 담는다. 영화는 동래역이라는 공적공간을 생활근거지로 하는 사람들의 이야기를 하고 있다. 어린 꼬마 여자아이를 데리고 다니는 미스 진이라는 동네 이모 같은 아줌마(아가씨), 수다스러운 알코올 중독자 동진. 그리고 규칙적 리듬에서 벗어나지 않는 모범적인 철도공무원 수동, 학교 갈 나이쯤으로 보이는 꼬맹이. 이 네 사람이 만나 새로운 관계를 형성해 나가는 과정을 그려낸다.

〈미스 진은 예쁘다〉의 시작 장면은 동래역이 아니라, 부산역이다. 어느새 카메라는 동래역으로 이동해 있다. 부산역에서 동래역의 이전은 지리적 이동만을 보여주는 것이 아니라, 스케일의 이동과 이와 관련된 여러 사회정치적 문맥들을 포함한다(부산역 / 동래역, 서울 / 부산).

동래역의 미래 또한 외부(서울)에서 온 사람들에 의해 동래역의 미래가 기획된다는 점을 영화에서 암시하고 있다. 동래역의 청사진을 기대하는 쪽과 그것을 방해하는 구도로 역장과 미스 진의 친구들이 배치된다. 그런데 사실, 이 공간의 운명은 내부의 자율성보다는 외부(중심)의 규정력이 더 강하게 작동하는 곳이다. 그래서 이러한 대치상황이 그리 긴장감을 유발하지 않는다. 이러한 공적 공간에 침투한 '미스 진'의 일상은, 잽이 되지 않는 불균형의 추를 흔들어 본다. 미스 진의 뻔뻔함이 통하는 역설은 이러한 공간적 질서에서 비롯된다. 그럼

영화 〈미스 진은 예쁘다〉 포스터

에도 미스 진과 그녀의 친구가 '동래역'에서 보여주는 '뻰뻰한 명랑'은 우리에게 익숙했던 정상 / 비정상의 질서를 되묻게 한다. 영화는 이러한 사유가 가능한 공간으로 동래역과 그 주변을 담아내고 있다.

그러나 중심으로부터 멀리 떨어진 변방지대는 중심의 서사와는 이질적인 삶의 질서가 나름 완결성의 구조로 존재하는 곳이기도 하다. 그래서 중심에서 상처받은 자들의 힐링의 장소가 되기도 하지만, 결코 그 중심의 자장에서 비껴갈 수 없다. 그래서 이곳은 기실은 언제나 불안하다.

영화목록 및 참고문헌

〈인정사정 볼 것 없다〉, 감독 이명세, 1999.
〈친구〉, 감독 곽경택, 2001.
〈성냥팔이소녀의 재림〉, 감독 장선우, 2002.
〈첫사랑사수궐기대회〉, 감독 오종록, 2003.
〈우리형〉, 감독 안권태, 2004.
〈태풍〉, 감독 곽경택, 2005.
〈강력3반〉, 감독 손희창, 2005.
〈원탁의 천사〉, 감독 권성국, 2006.
〈사생결단〉, 감독 최호, 2006.
〈사랑〉, 감독 곽경택, 2007.
〈우아한 세계〉, 감독 한재림, 2007.
〈1번가의 기적〉, 감독 윤제균, 2007.
〈눈에는 눈 이에는 이〉, 감독 곽경택·안권태, 2008.
〈마이 뉴 파트너〉, 감독 김종현, 2008.
〈무방비도시〉, 감독 이상기, 2008.
〈해운대〉, 감독 윤제균, 2008.
〈마린보이〉, 감독 윤종석, 2009.
〈바람〉, 감독 이성한, 2009.
〈부산〉, 감독 박지원, 2009.
〈애자〉, 감독 정기훈, 2009.
〈무적자〉, 감독 송해성, 2010.
〈영도다리〉, 감독 전수일, 2010.
〈위험한 상견례〉, 감독 김진영, 2011.
〈퍼펙트게임〉, 감독 박희곤, 2011.
〈푸른 소금〉, 감독 이현승, 2011.
〈할매〉, 감독 김지곤, 2011.
〈도둑들〉, 감독 최동훈, 2012.
〈이방인들〉, 감독 최용석, 2012.
〈미스 진은 예쁘다〉, 감독 장희철, 2012.
〈범죄와의 전쟁〉, 감독 윤종빈, 2012.

〈봄, 눈〉, 감독 김태균, 2012.
〈슈퍼스타〉, 감독 임진순, 2012.
〈이웃사람〉, 감독 김휘, 2012.
〈할매, 시멘트 정원〉, 감독 김지곤, 2012.
〈도다리－리덕스〉, 감독 박준범, 2013.

권유리야, 「2000년대 부산영화에 나타난 왜곡된 부산의 지역성」, 『동북아문화연구』 31, 2012.
김남석, 「2000년대 한국영화에 나타난 '부산 바다'의 이미지 연구」, 부산문화재단, 『아쿠아시티 부산』31, 2010.
김영준, 「부산, 길 위에 서다」, 『대중문화를 통해 부산 들여다보기』, 부산발전연구원, 2006,
김필남, 「영화, 부산을 향한 영화들의 무한 질주」, 부산대한국민족문화연구소, 『지역, 예술을 말하다』, 소명출판, 2012.
박선웅, 「스튜어트 홀의 문화연구－이데올로기와 재현의 정치」, 『경제와 사회』 45, 2000.
윤선희, 「포스트모던 영상미학의 아우라와 시뮬라시옹」, 김성재 외, 『매체미학』, 나남, 1998.

배영달, 『보드리야르와 시뮬라시옹』, 살림, 2005.
부산시, 『2020 부산비전』.
이동연, 『문화자본의 시대』, 문화과학사, 2010.

레이초우, 정재서 역, 『원시적 열정』, 이산, 2004
르네 지라르, 김진석·박무호 역, 『폭력과 성스러움』, 민음사, 1993.

부산영상위원회 http://www.bfc.or.kr/main/index.php

섬으로 가는 길, 섬이 가는 길

조명기

1. 섬의 소원-길

2011년 우도를 찾은 관광객은 100만 명을 넘었다. 제주시는 우도를 '매력 있고 살기 좋은 섬'으로 조성하기 위한 사업을 시작했고, 2009년 한국관광공사가 조사한 바에 따르면 가족과 가장 가고 싶은 곳으로 제주 올레가 1위에 우도가 4위에 들었고, 우도는 CNN go가 선정한 '한국 방문 시 가봐야 할 곳 50곳'에 포함되었으며, 행정안전부는 우도를 '찾아가고 싶은 섬' 가꾸기 사업 지원대상으로 선정하여 2012부터 3년간 25억 원을 투자하고 있으며 제주시는 우도를 국내의 대표적인 섬 휴영 공간으로 조성할 계획을 갖고 있다. 그런데, 이런 우도가 2001년 상위

우도에서 바라본 성산일출봉

다랑쉬오름에서 본 우도. 아끈다랑쉬오름 너머 우도와 성산일출봉이 보인다.

자치단체인 제주도를 향해 연륙교連陸橋를 요구했고, 제주도는 2007년 상위 단위인 국가를 향해 제주-전남 간의 해저터널을 요구했다.

> 요즈음 우도에는 우도-종달간 연륙교 문제가 대두되어 이슈가 되고 있다. (…중략…) 연륙교 문제는 주민들의 의견을 충분히 반영하고 면민의 의

제주-전남 간 해저터널 노선도(안)[1]

우도에서 바라본 제주도. 바다 건너 보이는 오름. 이 구좌읍 종달리 지미봉이다.

지와 절실함이 있었기에 험난한 길을 마다 않고 연륙교가 개통 될 그날을 온 면민들은 학수고대 하고 있다.[2]

전라남도와 제주특별자치도는 국가기간교통망에 대한 새로운 패러다임으로 『제주-전남간 해저터널』 건설계획을 반영해 줄 것을 강력하게 요청하는 바입니다.[3]

우도와 제주도는 모두 길을 요구했다. 물론 길은 이미 있었다. 우도엔 배가 있었고 제주도에는 비행기와 배가 있었다. 그러나 이 길들은 인간이 완벽하게 통제할 수 있는 길이 아니었다. 태풍이 불거나 파도가 거세지는 등 기상이 악화되면 이 길들은 끊겼다. 자연에 의해 무시

1 출처 : 「교통연구원 "전남~제주 해저터널 뚫자"」, 『동아일보』, 2008.12.18.
2 김철수, 「쇠섬牛島에서 모도母島로 걸어가는 날은 언제쯤일까」, 『제주포커스』, 2011.3.17.
3 「제주-완도 해저터널 건설을 위한 공동건의문」, 『제주의 소리』, 2007.9.5.

로 삭제되는 길 저편에 우도와 제주도가 있었고, 그래서 우도와 제주도는 섬이었다. 해남 땅끝에서 90km 남짓의 바다에 위치한 제주도는 한국의 섬이었고 제주도 성산포에서 배로 15분 거리에 떨어진 우도는 '섬 속의 섬'이었다.

이 섬들이 새로운 길을 요구하고 나선 것이다. 제주도는 뭍으로 이어지는 가시적인 길을 바랐는데 이 길은 멀리 서울까지 뻗어나갔다.

섬들이 원한 길은 이런 길이었다. 제주도가 꿈꾸는 길은, 보길도와 제주도 간의 해저터널 73km와 해남과 보길도 간의 해상교량 28km를 포함해 목포에서 제주도까지 총 167km에 이르는 길이었다. 제주도는 새로운 길을 통해 과다한 물류비용을 줄이고 기상변화에 능동적으로 대처하여 제주도를 '대륙의 섬'으로 남해안 일원을 '제주도의 바닷가'로 만들 수 있기를 기대했다. 우도는 제주시 구좌읍 종달리와 우도 사이의 바다 2.7km를 다리로 이어주기를 바랐다. 우도는 새로운 길을 통해 "섬이 갖는 접근성의 한계를 해결하고 지역주민들의 주거 환경 개선 및 사회, 문화적 혜택을 높이"고, "귀농인구 및 베이비붐 세대를 유입해 인구감소를 억제"하면서 "제주 동부지역의 랜드마크 역할"을 할 수 있다고 주장했다.

두 섬이 원한 길은 자신보다 더 큰 땅을 향한 길이었고 원할 때면 항상 열려 있는 길이었다. 섬들이 품은 소원은 무겁고 깊으며 그 세월 또한 길어 멀리 선문대할망 설화까지 거슬러 올라간다. 선문대할망은 한라산을 베고 누우면 다리가 제주시 앞의 관탈섬에 닿을 정도로 키가 컸다. 이 할머니가 치마폭에 흙을 담아 나를 때 치마 구멍으로 흙이 조금씩 새서 368개의 오름이 생겼는데, 마지막으로 날라다 부은 흙은 한라산이 되었다. 그런데 이 할머니가 어느 날 제주 사람들에게 약속을 한다. 자기 속곳 한 벌만 만들어 주면 육지까지 다리를 놓아주겠다고 말이다. 말이 쉬워 속곳 한 벌이지 그 큰 덩치에 맞는 속곳을 만들자면 명주 1백 통이 필요했다. 제주 사람들은 있는 힘을 다해 명주를 모으지만 딱 1통이 모자란 99통밖에 안 된다. 할머니는 다리를 놓다가 중단해버리는데, 그 자취가 조천읍 앞바다에 남아 있단다.[4]

조선시대 제주도는 대표적인 유배지였고 유배인들은 한결같이 뭍에 대한 그리움을 글로 남겼다.[5] 그 이유야 어떻든, 뭍을 향한 마음은 추사 김정희나 충암 김정, 그리고 김윤식이나 박영효처럼 뭍에서 귀양 온 글을 아는 사람만의 것이 아니었다. 과중한 진상과 부역 그리고 계속된 흉년을 피해 많은 제주 사람들이 육지로 이주해가자 조선 정부는 유민을 방지하여 제주도 인구를 증가시키기 위해 1629년 출륙금지령을 내렸다. 이때부터 1830년까지 무려 200년 동안 제주 사람들은 육지를 밟을 수 없었다. 조공선의 사공이 되거나 관공서의 문서수발 노비가 되거나 과거시험을 보러가는 극소수의 남성만이 배를 타고 육지로 갈 수 있었다. 특히 거부巨富 김만덕이 정조를 만나고 금강산을 유람하기 전까지 여성에겐 그 어떤 가느다란 숨길도 주어지지 않았다. 조선 정부는 독립국이었던 탐라국 제주를 점령한 후 가혹하게 통치하면서 폐쇄적인 섬으로 만들어버렸다. 제주도는 뭍을 향한 다리는 커녕 그 뛰어났다는 조선기술마저 잃어버렸다. 탐라국 시절 아시아 전역을 무대로 해상무역을 했던 해양국가의 면모도, 어딘가를 향해

4 현용준, 『제주도전설』, 서문당, 1976 참조.

5 관직에 있는 사람들도 이러했던 모양인데 제주목관아에는 망경루望京樓가 있다.

갈 수 있는 제주도의 독자적인 능력도 모두 사라졌다. 그래서 이후의 제주가 할 수 있는 것은 '뭍'을 향한 마음을 어루만져 주기를 상위단위인 국가에 '요구'하는 것뿐이었고, 도달하고자 하는 그 '뭍'은 조금도 의심할 여지없이 국가의 주무대인 한반도였다. 제주 사람 중 70%가 해저터널에 찬성했고 32% 정도의 제주 사람만이 섬이라는 고유한 정체성을 상실할 것이라고 우려했다.[6]

하늘길과 뱃길을 이미 갖고 있는 제주도와 우도가 각각 해저터널과 연륙교를 요구하는 것은, 길에 대한 통제력을 거의 완벽하게 장악하고자 하는 인간의 의지를 보여준다. 그런데 이때의 인간은 누구를 더 많이 가리키며 길에 대한 그 '누구'의 통제력은 어떤 결과를 불러오는가.

2. 대중문화가 생산한 섬 그리고 관광객의 위치

다리를 갖지 못한 우도에 가려면 성산항에서 도항선을 타야 한다.[7] 대합실에서 3,500원 요금을 내고[8] 도항선 쪽으로 걸어가노라면 우도면관광안내도가 서 있다. 그곳엔 우도의 지도, 역사와 현황, 우도팔경, 특산물 등에 대한 정보가 빼곡히 담겨 있는데, 그 한편엔 '우도에서 촬

6 이성용, 『호남-제주 해저고속철도가 제주지역에 미치는 영향분석 - 도민의식조사를 중심으로』, 제주발전연구원, 2011, 27 · 41쪽.

7 종달항에서도 배가 뜨지만 거의 1시간에 1척 꼴이다.

8 당일 왕복 요금은 5,500원이다.

영된 영화, 드라마'라는 제목 아래 8개의 포스터가 자리하고 있다. 〈인어공주〉, 〈시월애〉, 〈연리지〉, 〈연풍연가〉, 〈러빙유〉, 〈여름향기〉, 〈루루공주〉, 〈내 인생의 콩깍지〉. 우도로 넘어가면 무슨 드라마, 무슨 영화, TV의 무슨 연예오락 프로그램 촬영장소라는 글자가 주로 해안도로를 따라 여기저기 보인다. 그리고 지두청사엔 한국영상자료원이 세운 '영화의 고향 제주도 북제주군 우도면 "화엄경" 촬영장소'라는 기념비가 서 있다.

우도 지도

이 영화와 드라마, 연예오락 프로그램들은 우도라는 지명을 밝히거나 말하지 않으면서 길게 혹은 짧게 우도를 그린다.[9] 이 텍스트들의 주인공들은 〈시월애〉의 김은주를 제외하면 모두 우도 사람이 아니다. 거의 대부분이 서울 사람이며 기껏해야 제주도 사람이다. 〈시월애〉의 김은주 역시 서울에 살고 있어 우도를 방문해야 하는 처지다. 심지어는 우도에 사람이 거주하지 않는 듯 묘사되는 경우마저 있다. 그래서 우도 또한 외부인이 이곳을 방문할 때 등장하며 외부인의 시선과 해석에 무방비로 자신을 내맡길 수밖에 없다. 이들 텍스트는 우도를

9 길이와 내용 모두에서 우도에 가장 많이 기댄 영화는 송일곤 감독의 2004년 영화 〈깃〉이다. 그러나 관광안내도에서도 섬 어느 구석에서도 이 영화에 대한 흔적은 찾아볼 길 없는 그 이유는 흥행실적에 있는 것으로 짐작된다.

우도에 새겨져 있는 대중예술의 흔적들

어떻게 묘사하며 어떤 경로 위에 배치하고 있는가.

비록 주제가 다를지라도 텍스트들이 강조 혹은 생산하는 우도의 이미지에는 유사한 면이 있다. 아름다운 자연환경을 가진 이 섬은 뭍으로 통하는 완벽한 길을 갖지 못했다는 것, 그래서 항상 단절의 위험이 도사리고 있고[10] 이로 인해 우도는 세계의 끝 혹은 인간세계의 극단, 고립의 공간이 될 수 있다는 것, 이런 위험과 낯섦 때문에 역설적으로 이곳은 사랑이 시작되는 신비한 공간이라는 것 즉 경계지점이라는 것 등이다. 구도의 길을 묘사한 〈화엄경〉(감독 장선우, 1993)부터 우도는 이런 공간으로 묘사된다. 주인공 선재는 도를 구하다가 자본주의 세계에 절망한 나머지 바다에 뛰어들어 자살을 시도하지만 우도의 등대지기 노인에 의해 구조된다. 우도봉의 절벽이 강조되면서 이 세계의 끝, 이 세계와 저 세계의 경계지점이라는 장소감이 생성되고,[11] 등대와 등대지기가 집중

10 태풍 등으로 인해 도항선은 1년에 1달 가량 운항을 하지 못한다.
11 대상 작품들 중 주인공이 천진항이나 하우목동항 같은 항구를 통해 입도하지 않는 텍스트

적으로 부각되면서 절박한 구도자를 위한 길 안내가 축복처럼 제공된다. 노인과의 대화 후 선재는 기암절벽의 후해석벽 앞에서 다시 이 세상을 향한 배에 오른다. 종교적 색채가 짙은 이 영화는 이 세상과 저 세상 사이의 문턱이라는 위치성을 우도에 부여한다. 이 세상과의 단절을 실행한 후 도착하는 곳, 그래서 이 세상의 끝이자 저 세상의 시작인 곳. 영화 〈화엄경〉은 주인공이 절망에서 더 높은 깨달음의 영역으로 도약하는 문턱 그 곳에 우도를 놓는다.

이후 대부분의 텍스트들은, 우도를 이곳과 저곳의 경계지점으로 활용하면서 그 속성을 간헐적인 단절의 이중성 즉 위험과 새로운 시작의 공존을 강조한다. 〈시월애〉(감독 이현승, 2000)는 서울과 서해안 바닷가 건물 '일마레IL MARE'의 시공간적 대립에 기초해 있다. 서울의 빌라는 무관심의 공간, 인스턴트 음식의 공간이며 이곳의 우체통엔 옛 애인의 이별편지가 들어 있다. 일마레는 남자 주인공이 한사코 부정해왔던 아버지의 사랑으로 지어진 집, 음식을 정성껏 만들어 먹는 공간이며 그 곳의 우체통에선 2년 정도의 시간차를 뛰어넘는 관심과 사랑의 편지가 오간다. 제목이 말해주듯 그들 사이에 가로놓인 것은 공간 격차보다도 시간 격차다. 우도는, 여주인공의 고향이고 그녀가 평생토록 살고 싶어 하는 곳이며, 단절된 두 시공간의 인물들이 바다를 건너듯 시간을 건너 만나기로 한 약속의 공간이다. 비록 만남 혹은 사랑이 실패하여도 그것은 곧바로 남자 주인공의 죽음을 암시하고 감지하는 장치가 되고 남자 주인공을 죽음에서 구조하는 복선이 된다. 사랑의 시작과 실패가 구분 없이 공존하는 곳은 합리적이고 분별적인 의식이 지배

는 이 영화가 유일하다.

하는 대도시 서울과는 아주 멀리 떨어져 있는 것처럼 보인다.

제주도에서 전작이 촬영된 〈러빙유〉(KBS 드라마, 2002.7.29~9.3)는 진다래가 바다에 빠진 이혁을 구출하는 장면으로 시작한다. 드라마는 우도를 두 번 방문하는데, 두 번 모두 외부 세계인 제주도와 단절된 공간으로 의미화 된다. 마지막 배가 떠남으로써 진다래와 이혁만이 섬에 남게 된 상황이 그 첫 번째이고 제주 안을 샅샅이 뒤져 둘을 찾아내려는 이혁 아버지를 피해 두 주인공이 우도로 달아나는 것이 두 번째이다. 단절의 공간은 곧 사랑의 공간으로 전환된다. 이혁은 일 년 전의 사고를 떠올리며 당시의 느낌을 토로하는데 자신을 구해준 여자가 이미 죽은 엄마 같았다고 고백한다. 우도는 두 사람이 키스를 하거나 사랑은 이제부터 시작이라고 말하는 공간이다. 죽음 가까운 곳에서 자신을 건져 올린 여자를 어머니와 같은 위치에 놓으면서 사랑을 시작하는 공간. 〈시월애〉와 마찬가지로 아버지에 대한 거부를 중요한 모티브로 삼고 있는 이 드라마는 어머니에 대한 아들의 원초적인 사랑을 드러낸다. 그리고 그 고백의 장소는 외부 세계와 완벽하게 이어지는 길을 갖지 못한 우도다. 또한, 이곳은 이혁이 아버지를 부정하면서 어머니를 닮은 진다래에게 사랑을 고백하는 장소이지만 진다래가 이혁은 아버지를 사랑하며 자신은 홀어머니를 버릴 수 없다고 말하는 장소다. 즉 사랑의 시작과 실패가 공존하는 공간인 셈이다.

〈내 인생의 콩깍지〉(MBC 드라마, 2003.4.27~5.27)는 큰 병원에서 첨단 기술을 연구하는 대신 병원이 부족한 곳에서 도움을 주고자 하는 의사 성민의 가치관과 성향에 힘입어 우도를 낭만적이고 자유롭고 이웃과의 친근함이 살아있는 공간으로 재현한다. 우도와 서울의 거리는 첨단기술을 연구하는 큰 병원과 이웃집 강아지 출산을 도와주는 보건소의 거리만큼이나 멀다. 오랫동안 헤어져 있던 옛 애인 은영은 이 거리를 건너 우도를 찾고 둘은 다시 사랑의 키스를 나눈다. 그리고 성민은 이곳의 자신과 결혼해달라며 은영에게 청혼한다. 아름다운 배경으로 등장하는 우도는 그들의 사랑이 공간적·신분적 격차를 뛰어넘을 수 있음을 확인하는 유력한 증표이다. 그러나 이 공간은 성민이 의료봉사 차 동티모르로 가기 위한 중간 기착지가 될 가능성이 있는 공간이며, 은영이 성민을 만나러 온 옛 약혼자를 발견하는 공간이다. 즉, 우도는 서울의 은영이 즉흥적으로 방문을 결정한 것처럼 서울의 옛 약혼자 역시 그렇게 방문할 수 있는 정도의 위치에 있는 동시에, 은영의 표정이 굳어질 정도의 먼 곳 동티모르로 이동할 수 있는 위치에 있다. 그래서 〈내 인생의 콩깍지〉의 우도 역시 사랑의 시작과 위기가 동시에 공존하는 문턱에 해당한다.

서너 명의 얽히고설킨 사랑만 있는 멜로드라마 〈여름향기〉(KBS 드라마, 2003.7.7~9.8)는 우도라는 명칭을 노출하지 않으면서 섬의 고립성만을 도려내서 전경화 한다. 심지어 섬사람의 흔적조차 찾기 힘든 그곳에서 혜원과 민우의 사랑은 발각되고 파탄의 위기에 봉착한다. 그들 주변의 인물들은 제주도와 서울에서 우도에 고립된 그들을 걱정한다. 드라마는 우도를 더 이상 숨길 수 없는 사랑이 공개됨으로써 위기를 맞게 되는, 안전하지 않은 낯선 곳으로 그려낸다.

영화 〈깃〉의 우도는 사랑의 종말과 새로운 시작이 동시에 실현되는 공간이다. 별 볼 일 없는 영화감독인 장현성은 옛 연인과의 10년 전 약속을 위해 우도에 간다. 그곳엔 10년 전에 묵었던 펜션이 있고 모래밭에 묻어둔 유리병 속의 사진이 있다. 옛 연인 역시 과거의 약속을 기억하여 분신과 같은 피아노를 보내면서 먼 나라 독일에서 결혼 후 항암치료를 받고 있다는 편지를 동봉한다. 편지는 사실상 과거와의 완전한 결별을 의미하는데 이 장면은 펜션 아가씨 이소연과의 새로운 사랑의 시작과 겹친다. 새로운 사랑의 시작은, 태풍 때문에 배가 뜨지 않는다는 거짓말로 서울의 호출을 비껴갈 수 있는 섬의 공간적 단절성에 크게 힘입는다.

섬의 단절성은 신비화와 기다림이란 속성으로 이어진다. 숙모가 떠난 후 말을 잃어버린 삼촌은 땅에 올려놓은 배에서 물고기를 낚으며 숙모를 기다린다. 서울에서 살다가 펜션 일을 도우러 잠시 이 섬에 와 있던 이소연은 사람이 없어 무서울 것도 없는 이 섬에서 자신이 좋아하는 탱고를 혼자서 춘다. 부질없을 것 같은 기다림들은 모두 결실을 맺어, 장현성은 10년 전의 그녀에게서 피아노와 편지를 받으며, 속절없는 삼촌의 기다림은 숙모의 귀가로 끝이 나고 이소연은 장현성과 탱고를 춘 후 서울의 대학에 진학할 꿈을 갖게 된다. 섬의 단절성은 비단 공간적인 측면에만 머물지 않고 시간적인 단절까지 안아낸다. 우도의 장현성은 옛 연인의 편지를 불태우며 이소연은 장현성이 잡아온 공작을 그가 떠난 후 풀어준다. 장현성의 행위는 과거 옛 연인에 대한 원망에서 자신을 놓아주는 행위이다. 또한 이소연의 행위는 화려한 깃에도 불구하고 날지 못하는 운명에 묶여 있는, 즉 화려한 탱고에 대한 정열에도 불구하고 그 열정을 실현할 수 없으리라 포기했던 과거의 자신과 작별하면서 서울의 대학으로 진학하겠다는 꿈을 품게 되고 마침내 실현시키는 자기 변화의 복선처럼 보인다. 이로 볼 때, 섬은 외부세계와 단절되어 있을 뿐만 아니라 과거와도 단절되는 공간이다. 서울 사람인 두 주인공은 시공간적 단절이 신비성과 기다림(의 결실)으로 이어지는 섬에서 서울로 화려하게 귀환한다. 장현성은 삼촌의 농담 같은 지혜[12] 덕분인지 흡족한 시나리오를 완성하며 1년 후 대학생의 신분으로 서울에서 살고 있는 이소연과 약속된 서울의 장소에서 재회한다. 결국, 신비성, 기다림과 연결되는 섬의 단절이란 서울과의 단절임에도 불구하고 서울살이를 정서적으로 제고하기 위한 길의 반환지점 혹은 문턱으로 기능한다.

〈인어공주〉(감독 박흥식, 2004)와 〈연리지〉(감독 김성중, 2006)의 도시와 서울이 부모의 구질구질한 삶과 폭력적이고 냉소적인 관계 그리고 자신의 고통을 위악적으로 혹은 개별적으로 감내해야 하는 곳이라면, 우도는 부모의 순수하고 맑은 과거 사랑을 기억하고 서로의 고통을 배려하며 사랑으로 승화시키는 장소다. 비록 두 영화가 섬의 단절감을 노골적으로 말하지 않아도 이러한 우도는 도시나 서울과는 대비되는 환상의 공간이다. 〈인어공주〉의 나영은 부모와 도시를 피해 뉴질랜드로 여행을 떠나려고 하지만 정작 그녀는 가출한 아버지를 찾아 우도로 가게 된다. 이곳에서 우체부인 아버지를 짝사랑하는 젊은 어머니를 만나고 그들의 풋풋한 사랑의 과정을 지켜본다. 뉴질랜드가 도시와 부모의 위악성에서 도피하기 위한 공간이라면, 우도는 그 위

12 이소연은 장현성의 지지부진한 시나리오 작업에 삼촌의 지혜를 빌려준다. 그녀는 문턱을 긁어먹으면 그곳을 넘나든 사람들이 켜켜이 쌓아놓은 사연들도 먹게 되어 글이 잘 써질 거라고 말한다. 장현성은 그런 논리라면 서울 지하철 바닥을 긁어먹는 게 낫겠다며 웃지만, 그녀는 사연은 나무에만 쌓인다는 삼촌의 말을 덧붙인다. 결국 장현성은 우도 어느 민가의 문턱을 긁어먹는다.

악성의 이면을 이해하고 공감하기 위한 공간이다. 우도는 부모의 사랑이 재확인되는 장소이며 다시 귀환한 도시는 더 이상 나영에게 괴로움의 공간이 아니다. 〈연리지〉의 우도는, 희귀병을 앓고 있는 혜원의 병실 침대 머리맡에 놓인 사진에서 먼저 발견된다. 혜원의 어릴 적 사진은 우도 지두청사의 연리지를 배경으로 하고 있다.[13] 우도의 연리지는 혜원의 행복한 과거이면서 미래의 소망이기도 하다. 그러나 성공한 벤처기업 사장인 서울의 민수는 바람둥이다. 그는 죽음과 이별에 직면한 후에야 비로소 과거의 잘못을 후회하고 사과한다. 이 각성은 혜원의 인도에 힘입어 우도에 도착할 수 있는 전제 조건이다. 영화 결말은, 이제는 죽은 혜원이 휴대전화에 예약메시지를 녹화하는 장면과 아직은 죽지 않았지만 뇌종양에 걸려 곧 죽을 운명인 민수가 그 영상을 보는 장면을 한 화면에 나란히 배치한다. 두 인물 모두 연리지를 배경으로 하고 있어 그들의 사랑은 두 나무의 가지가 붙어서 나뭇결이 하나가 되어버린 연리지를 빼닮게 된다. 우도는 서울의 위악적이고 가벼운 사랑을 정화하는 공간, 아픈 자신이 아니라 아픈 상대를 향해 마음을 뻗는 연리지의 공간이다. 이 연리지의 공간은 서울이 자신을 각성시키고 치유하기 위해 탄생시킨 환상의 공간이다.

〈루루공주〉(SBS 드라마, 2005.7.27~9.29)는 우도를 고립과 두려움으로 인한 고통의 지점, 사랑의 시작 지점으로 소환한다. 어린 희수는 이복 오빠 고선에 의해 우도의 마구간에 갇히는데 이 경험으로 인해 불을 켜둔 채 잠을 자는 버릇이 생긴다. 성인이 된 희수는 마구간을 그라피티graffiti로 채색하여 남동생 같은 찬호의 생일 선물로 주고자 한다. 그

13 물론 이 연리지는 영화 촬영을 위한 소품이다. 이 소품은 우도청사 입구로 옮겨져 있다.

녀는 이를 위해 우도를 방문하는데, 사실 이 방문은 희수 자신의 과거 공포를 치유하기 위한 방문이기도 하다. 그러나 태풍 속의 우도는 마구간에 갇힌 어린 희수와 같다. 과거의 공포를 치유하기 위해 다시 우도를 찾은 성인 희수는 "오빠 문 열어줘"라고 애원하는 과거의 그 공포를 다시 경험한다. 그녀는 사업을 위해 우도를 찾은 우진과 우연히 마구간에 같이 갇히며, 가족들은 태풍으로 인해 격리된 우도와 희수를 걱정한다. 서울로 돌아온 희수는 우진과 그라피티를 했기에 무섭지 않았다고 말하며, 그의 도움을 받아 잠을 잘 때 불을 끄려는 노력을 한다. 이 드라마의 우도는 공포와 두려움의 공간이면서 사랑으로 그 공포를 극복해가는 공간이다.

드라마나 영화가 투사한 우도의 이미지는 연예오락 프로그램에서도 사용된다. 〈패밀리가 떴다〉(SBS, 99 · 100회, 2009.10.18, 25)는 출연자들의 게임과 콘셉트에 치중한 나머지 우도에 거의 관심을 보이지 않지만,[14] 〈1박 2일〉(KBS, 174회, 2009.3.9)은 야생 로드 버라이어티 프로그램이라는 슬로건에 맞게 우도의 단절성을 현장감 있게 전달한다. 출연자들은 우도행 배를 타기 전부터 궂은 날씨로 인해 다음날 우도에서 나오지 못할 수도 있다는 걱정을 한다. 프로그램은 우도의 거센 바람 때문에 촬영을 포기하거나 기념촬영을 거부하는 모습과 다음날 배가 결항될지도 모른다는 출연자와 제작진의 대화를 방송하여, 섬의 단절에 대한 두려움에 실제감을 부여한다. 더구나 다음날 섬을 떠날 수 있다는 확신이 없어 마지막 배로 우도를 떠나는 모습을 방송함으로써,

14 프로그램 방송 후 참돔 낚시와 관련된 의혹이 제기됐다. 관광객이 굳이 이 화제를 꺼내지 않아도 우도 사람들은 요즘도 이에 대해 먼저 언급한다.

우도의 불완전한 길을 부각한다.

이들 대중문화 텍스트는 우도를 상상하는 방식과 우도에 이르는 길을 상세하게 제시해준다. 그럼으로써 우도를 상상하고 선망하는 우리 수용자들의 위치를 암암리에 지정한다. 대중문화 텍스트들이 생산한 우도는 단절의 위험이 도사리고 있는 곳이다. 외부세계와의 통로가 차단될 수 있는 공간, 즉 1박 2일이 반복해서 강조한 것처럼 완벽한 통제도 예측도 불가능한 자연현상으로 인해 인간의 의지나 자연 지배력이 좌절될 수 있는 공간이 섬 우도이다. 단절이란 30분이나 1시간 간격으로 뱃길을 열겠다는 인간의 계획이 헝클어지거나 미래의 어느 순간까지 연기될 수밖에 없다는 것을 의미한다. 태풍이나 거센 파도처럼 통제할 수 없는 자연 앞에 내맡겨진 우도는 낯선 곳이며 위험한 곳이다. 뭍이나 제주에 있는 등장인물들은 뱃길이 끊어진 우도의 남녀 주인공을 걱정한다. 지금의 그곳은 그들이 통제하거나 확인할 수 있는 곳이 아니기 때문이다. 인간의 의지가 실패할 수 있는 곳, 인간이 완벽하게 통제할 수는 없는 곳은 위험한 공간인 동시에 사랑처럼 신비로운 공간이다. 사랑이란 것이 이성의 논리나 근대의 의지와는 무관하게 혹은 맞서면서 진행되는 예측도 통제도 불가능한 것이라면, 이런 사랑에 적합한 곳은 인간의 손끝이 겨우 닿는, 때로는 인간의 손에서 살짝 벗어나는 섬 우도가 아니겠는가. 섬 우도는 인간의 자연 지배력이 통상적으로 작동하는 끝 지점, 경계지점에 위치한다. 이곳은 렌터카를 도항선에 싣고 들어와 해안도로를 휭 달린 후 다시 도항선에 실을 때까지 한 번도 땅에 발을 댈 필요가 없는 곳이기도 하지만, 때로는 인간이 어찌해 볼 수 없는 저 쪽까지 떠밀려가는 곳이기도 하다. 대중문화는 우도의 단절과 그로 인한 낯섦과 위험, 그리고 사랑의 신비에 대해 반복해서 말한다. 그만큼 섬 우도는 대중문화가 이미지화하기에 적합한 공간이다. 게다가 우도는 파랑, 초록, 검정 세 가지 색깔만을 눈 아래 오밀조밀하게 배치해도 얼마나 아름다울 수 있는지 몸소 보여주지 않는가. 이런 위치성과 이미지는 이미 익숙해진 몇 마디로 정리된다. '사랑과 환상의 섬', '섬 속의 섬'.

3. 대도시에 의한 인정認定

섬을 단절의 위험이 있는 공간으로 느끼며 불안해하고 오히려 그 때문에 사랑의 공간으로 상상하는 사람은, 수치화된 예측가능성을 중시하고 인간의 이성을 존중하는 근대적 질서의 공간, 현대문명의 도시에 살고 있는 사람이다. 불안하고 지루한 도시의 일상에 익숙해져 있는 사람이 단절의 위험과 순수하고 환상적인 사랑이 공존하는 우도를 상상한다. 대중문화는 안전한 모험이라 할 만한 도시 소시민의 이런 꿈을 선취해낸다. 많은 대중문화 비판론자들은 대중문화가 보여주는 일탈은 기성의 질서로 회귀하기 위한 억압적 관용일 뿐이라고 말한다. 대중문화가 상상한 섬 우도 역시 이런 의미에서의 일탈공간이다.

거의 모든 텍스트의 주인공들은 우도에서 성숙 혹은 도약한 후 예전의 공간으로 귀환하여 꿈을 이룬다. 〈시월애〉의 우도는 시간을 넘는 사랑을 약속하는 공간이지만 약속은 지켜지지 않는다. 동시에 이곳은 한성현이 아버지를 이해하고 모방하는 공간이다. 한성현은 아버지를 가족이 무엇인지 모르는 사람이라고 원망한다. 아버지가 죽은 후, 한성현 자신이 좋아하는 서해안의 집 일마레가 '아들의 집'이라는 이름이 붙은 아버지의 작품이라는 사실을 알게 되면서 그는 다시 건축 설계를 시작한다. 이것은 우도의 약속 파기와 밀접하게 연결되는데, 우도에서 한성현을 기다리던 김은주는 사랑하는 사람을 위해 설계한 집이 시공되고 있는 것을 본다. 한성현은 자신의 사랑을 건축을 통해 표현하는 아버지를 모방하고 있다. 이 행위는 한성현 자신을 죽음에서 구해내는 결과로 이어진다. 우도의 약속은 한성현이 아버지를 모방할 때까지 연기되며 가족이라는 이름이 새겨진 일마레에서 성사된다. 우도는 각성과 성숙의 공간이지 그들의 꿈이 성사되는 공간은 아니다. 아버지의 사랑을 이해하고 수용할 수 있는 공간 즉 일마레에서 그들의 꿈은 이루어진다. 그리고 "지금부터 아주 긴 이야기를 시작할 텐데 믿어줄 수 있어요?"라는 영화 마지막 대사가 말하듯, 이 꿈은 미래가 아니라 과거에서 이루어진다. 우도는 과거·가족 그리고 일마레로 돌아가기 위한 문턱에 해당된다. 그곳은 미래의 공간이면서 과거의 공간이다. 다시 말해, 우도는 뭍·도시의 사람들이 자신들의 공간을 이상적인 공간으로 만들기 위해 필요로 하는 공간이다.

회사의 비리와 살인 그리고 사랑이 겹쳐지면서 서사가 진행되는 〈러빙유〉 역시 이와 유사한 방식으로 갈등을 해소한다. 이혁은 우도에서 진다래에게 사랑을 말한다. 그러나 그가 말하는 사랑은 가족과 긴밀하게 연결되어 있다. 그는 회사가 이혁 자신의 장래라는 아버지를 피해 우도로 왔으며, 자신을 구해준 여자가 어머니처럼 느껴졌다고 말한다. 그에게 있어 이복동생 이민은 아버지가 어머니를 부정했다는 증거이며, 어머니의 그림을 치우는 아버지의 행위는 어머니를 완벽하게 삭제하려는 생각의 증거처럼 비친다. 아버지에게 자신의 어머니를 인정하고 기억하기를 요구하는 것은 이혁 자신을 인정하기를 바라는 욕망에서 비롯된다. 진다래는 우도에서 사랑을 말하는 이혁에게 이혁은 아버지를 사랑한다고 말하며 자신들의 사랑에 대해 낙관하지 않는다. 아버지의 죽음 후, 회사와 진다래 사이의 배타적 선택 앞에 선 이혁은 아버지와 회사의 잘못을 고발한 후 아버지에게 사죄하고 싶어 회사에 전념하겠다고 말한다. 우도는 외부세계와 단절된 공간, 남녀의 사랑이 시작되는 공간이기도 하지만 그보다는 외부세계 즉 아버지의 인정과 사랑을 획득하기 위해 우회하는 길목에 놓여 있는 공간, 자신의 욕망이 어디로 향해 있는지를 확인하는 공간이다.

섬의 폐쇄성, 고립성으로 인한 공포가 강조되는 〈루루공주〉의 우도 역시 마침내 가족 간의 사랑과 인정으로 연결되기는 마찬가지다. 희수가 폐쇄공포라는 트라우마로 우도를 기억해야 하는 이유도 이복오빠인 고선이 희수가 아버지의 사랑을 독차지하고 있다고 느꼈기 때문이다. 회사 후계자 경쟁에서 고선이 악행을 저지르는 것 또한 회장인 할아버지의 사랑과 인정을 얻기 위해서이다. 〈러빙유〉와 마찬가지로 주인공은 사랑과 회사(할아버지)의 대립에 직면한 것처럼 보여도, 이 둘은 동전의 양면과 같이 공존해 있다. 희수는 자유와 사랑을 찾아 할아버지를 떠나지만 사실 이 행위는 할아버지와 현재를 개선시키고 유지하기 위한 장치로 기능한다. 희수는 고선과 마찬가지로 할아버지의 인정을 욕망한다. 핵심은 할아버지에게 있다. 비록 선과 악을 구분하지 못하고 때로는 악한 인물처럼 보여도 그는 선과 악을 식별할 수 있는 능력을 지닌 인물이며, 악인이 아니라 주변의 인물들을 시험하고 단련시키는 존재이다. 가짜 죽음과 죽음의 연극 과정을 통해 참회하며 개선한 그는 마침내 정당하고 높은 도덕성과 권력을 겸비한 완벽한 대타자의 위치에 서게 된다. 할아버지의 악을 계승함으로써 그의 인정과 사랑을 획득하려 한 고선은 이젠 도덕성과 가족애라는 방법으로 할아버지의 인정을 획득할 수밖에 없으며, 고선의 징벌로 인해 할아버지는 정당한 심판관의 위치를 더욱 확고히 하게 된다. 우도의 트라우마는 현재의 개선, 대타자의 재정립을 위한 출발점으로 기능한다. 또한, 이 드라마는 화목한 우진의 가족과 불화를 겪는 희수네 가족을 자극적으로 대비하면서, 회장인 할아버지의 가짜 죽음 즉 각성을 통해 화목한 가정이라는 결말에 도달한다. 그리고 마지막 장면이 보여주듯, 〈인어공주〉의 우도 역시 현재의 부모와 구질구질한 일상을 지금의 이곳 도시에서 이해하고 받아들이기 위해 마련된 환상의 공간이다.

현재의 뭍·대도시는 결핍의 공간, 상실의 공간인 데 반해 바다 건너 우도는 상실된 것을 찾을 수 있고 결핍된 것을 확인하고 충족시킬 수 있는 환상의 공간이다. 동시에 단절로 인한 일탈의 시간은 기존의 뭍·대도시의 질서로 수렴되기 위한 시련의 시간이다. 비록 이 시련이 기존의 뭍의 질서에 대한 저항에서 비롯되었다 할지라도 혹은 바로 그 때문에 우도는 기존의 뭍이 이상적인 공간이 될 수 있다는 환각의 근거가 되고 있다. 등장인물들은 이 세계의 끝 우도라는 문턱에서 비약적인 각성을 체험한 후 뭍으로 되돌아오고, 뭍·대도시는 결핍부분, 상실부분을 보충하고 회복할 수 있는 능력을 지닌 곳으로 인정된다. 우도는 뭍·대도시가 자신의 욕망을 투사한 공간이며 이 욕망은 결국엔 뭍·대도시 자신을 향한다. 결국, 우도를 상상하는 공간은 뭍·대도시이며 도시가 궁극적으로 욕망하는 공간은 도시 자신이다. 미흡하고 불만스러운 뭍·도시에서 흡족하고 이상적인 공간으로 바뀌어가는 분기점에 놓인 곳. 대중문화가 욕망하고 생산한 우도는 이런 문턱의 크로노토프이다.

뭍·도시에서 가장 먼 곳 중의 하나인 우도는 뭍·대도시가 욕망을 실현하는 공간이 아니라 욕망을 드러내는 공간이다. 왜냐하면 이곳은 완벽한 길을 갖지 못한 즉, 뭍·대도시와 연결되기도 하면서 불시에 단절될 수도 있는 공간이기 때문이다. 단절의 가능성 즉 우도와 뭍[15] 사이에 있는 바다를 완벽히 제어할 수 있는 통제력을 갖지 못했다는 것이 뭍·도시가 자신의 욕망을 이곳에 쉽게 풀어놓을 수 있는 원인이다. 바다는 도시의 욕망을 비춘다. 홍조단괴 해변(일명 산호사해수욕장)의 아름다운 에메랄드 빛 바닷물처럼 표면에서 일렁이는 물을 통해 자신의 모습과 욕망을 불완전하게 비추어보면서 결국 뭍으로 돌아갈 수 있는 자기애Narcissism를 확인한다. 그러나 물의 표면에서 만날 수 있는 활기, 아름다움은 죽음이라는 물의 심연이 그려내는 형상들이다. 검은 화산암으로 강조되는 깊은 바다엔 죽어가는 어머니가 있고

15 우도뿐만 아니라 추자도를 제외한 제주도의 부속 섬들은 제주도를 뭍이라 부르기도 한다. 우도와 제주도의 관계는 제주도와 진짜 뭍의 관계와 유사하기 때문이다. 그리고 제주의 엘리트층은 제주를 잘 떠나려고 하지 않는다는 사실도 참고하자.

그곳에선 물질적 상상력이 작동한다. 물은 표면과 심연이라는 이중적인 방식으로 심상을 제공한다. 물 자체가 이미 이중적 반영의 작용을 한다.[16]

우도로 간다는 것은 공간적인 이동뿐만 아니라 과거로 되돌아간다는 시간의 이동을 의미하는 것으로 상상된다. 현대 문명을 때로는 힘겨워하지만 이미 그 문명에 길들여진 뭍·대도시는, 〈루루공주〉의 공포나 〈시월애〉의 아직은 이해할 수 없는 과거, 〈러빙유〉의 불안, 〈내 인생의 콩깍지〉와 〈연리지〉의 죽음과 같은 어두운 이미지거나 〈인어공주〉와 〈깃〉의 맑은 사랑 같은 밝은 이미지거나 상관없이 자신이 지니지 못한 '때 묻지 않음', '가공하지 않은 있는 그대로'를 필요로 한다. 이것들은 현대 문명이 상실한 것들 즉 과거로 돌아감으로써 회복할 수 있는 것들이다. 〈깃〉은 10년 전의 약속을, 〈인어공주〉는 젊은 시절의 부모를, 〈루루공주〉는 각인되어 있는 공포의 원형을, 〈러빙유〉는 가족에 대한 사랑 등을 거슬러 찾는다. 아름답기도 하고 낯설고 두렵기도 한 이 순수한 과거는, 뭍·대도시 건너편에 위치해 있으면서도 대도시의 자장 내에 있다. 뭍·대도시의 사람은 현대 문명을 피해 일시적으로 과거로 피신하지만 곧바로 대도시로 귀환해야 하는 존재들이기 때문이다. 너무 멀지 않은 그러나 충분히 먼 곳. 완벽한 길을 갖지 못한 바다 위의 우도에게 대도시가 요구하는 것은 이런 정체성이다. 대도시에서 가장 먼 우도가 대도시를 지탱해준다. 기존 질서의 죽음 아니 더 정확히 말하면 기존 질서의 유지를 전제로 한 결핍·상실 부분에 대

16 송종인·박치완, 「바슐라르와 물의 심상들」, 『인문논총』 25집, 경남대 인문과학연구소, 2010, 266~296쪽 참조.

한 비판은 더욱 개선되고 이상화된 기존 질서로의 복귀로 이어지는 것처럼 보이게 한다. 따라서 대중문화 속의 우도는 그 자체로 존재하지 못하며 뭍·도시는 대타자의 위치에 있게 된다. 대중문화는 뭍·도시의 욕망을 바다에 투사하고 있는 셈이며 바다를 매개로 삼아 시청자가 자신을 욕망의 주체로 상상하도록 유도한다. 시청자가 우도를 욕망하는 방식은 뭍·도시가 우도에 이르는 길을 모방하고 있는 셈이다.

연륙교를 요구하는 우도를 대하는 제주도의 태도는 대중문화가 우도를 상상하고 우도에 이르는 방식과 유사하다.

홍조단괴 해변(서빈백사)

우도에 연륙교가 놓여져 있다고 가정해 보자. 일일생활권은 보장이 되겠지만 연륙교를 통하여 차량을 가지고 들어오는 관광객으로 인해 우도는 꽉 차게 된다. 그들이 우도에 남기는 것은 아무것도 없다. 단지 허접한 것만 남기고 갈 것이다. 그저 우도를 한바퀴 휙 둘러보고 갈 뿐이다. 지금 제주의 현실이 우도에서 일어나고 있는 것이다. 제주를 무박 2일 코스로 만들어 한라산만 다녀오고 그저 올레길만 걸으면 바로 가버리는 형태의 관광이다. 이들은 과연 제주에 와서 무엇을 남기고 가고 무엇을 가지고 갈까. (…중략…) 사람들이 왜 제주에 오며 왜 우도에 오는가를 생각하여야 한다. 그들은 제주의 아름다움을 보고 제주다운 맛과 멋을 보기 위해 온다. 우도 또한 마찬가지다. 이러한 우도의 고유한 정체성을 상실한다면 더 이상 우도는 존재하지 않을 것이다.[17]

우도와 제주 본섬을 잇는 연륙교가 건설될 경우 경제성 문제뿐만 아니라 전문가들은 우도 자체가 파괴될 것으로 우려하고 있다 / 그렇지 않아도 관광객이 크게 증가하고 있는 상황에서 연륙교가 건설되면 섬 속의 섬이라는 우도의 특성은 사라질 것이라는 지적이다. (…중략…) 우도를 찾는 대부분의 관광객들은 때 묻지 않은 아름다운 우도의 자연환경을 만끽하기 위해 찾는다. (…중략…) 더 이상 우도다움을 잃지 않기 위해 행정당국은 주민과 전문가와 머리를 맞대 연륙교 개설 대신 우도의 체계적인 보전방안을 찾아보는 게 어떨까.[18]

2011년 4월 25일 속개된 제281회 제주도의회 임시회에서 환경도시위원회는 "전문위원 검토 보고서를 통해 섬 이미지와 차량 증가에 따른 환경훼손 문제를 지적"한다. 그리고 "운항 중인 도항선과 운수회사와의 관계, 짧은 체류시간으로 인한 경유지 전략은 물론 막대한 예산도 부정적 요소"로 내세우면서, 우도 주민들의 타당성 조사 용역 요구를 일축한다. 제주도가 우도의 요구를 가볍게 묵살하는 가장 중요한 이유는 경제적 요인일지도 모른다. 그러나 그에 덧붙여 제주도는 우

17 「제주의 자연경관, 이제는 돌려받아야 한다」, 『제주의 소리』, 2011.6.16.
18 「'섬 속의 섬' 비경 잃은 우도 – 연륙교 논란까지 '어쩌나'」, 『제주의 소리』, 2011.6.1.

도에게 '우도다움'을 지키기를 요구한다. 그 우도다움이란 관광객 즉 뭍·대도시 사람들이 욕망하는 것 그것이다. 우도는 '섬 속의 섬'이어야 하며 그것이 우도의 '고유한 정체성'이라고 말한다. 제주도가 말하는 우도다움은 우도가 뭍·대도시의 자장 내에 있음을 고백하는 것이 아니라 대도시에서 먼 순수라는 과거의 어느 지점에 놓여 있는 것으로 발견되는 것이다. 그러면서 지금의 제주도는 무박 2일 코스의 관광지로 전락했다는 경험을 들려주면서 우도는 제주도의 전철을 밟지 말라고 충고한다. 뭍·대도시 사람들이 우도에서 체류형 관광을 하도록 하려면 우도는 대도시 사람들이 요구하는 위치인 경계의 지점에 있어야 한다는 것 즉 이미 현대 대도시의 삶의 방식에 포섭되어 있음을 고백하지 않아야 한다는 것이다. 국가의 대부분인 뭍에 해저터널을 요구했던 섬 제주도는 우도의 삶을 말하는 대신 뭍·대도시의 욕망, 즉 섬 속의 섬을 요구한다.

1960년대부터 외화벌이를 위해 추진된 제주의 관광산업은 제주를 외부에 의존할 수밖에 없는 공간으로 만들었고, 제주는 외부의 시선과 욕망에 민감해지면서 이를 내재화할 수밖에 없게 되었다. 이로 인해, 우도의 연륙교에 대한 제주도의 대응은 육지를 향한 제주 자신의 욕망을 되돌아보고 참고하는 방식이 아니라 외부의 시선을 차용하고 내재화하고 모방하는 방식으로 전개되었다.

4. 섬의 불편한 목소리

> 무엇보다 의료문제와 인구감소 문제(교육문제에 따른)는 심각한 수준이다. 이에 우리들은 후손들에게 지금보다 풍요롭고 삶의 질이 높은 생활을 보장해주기 위해서는 우도의 최대 현안사항을 수렴해 해결해 나가야 한다는 생각이 집결되기에 이르렀다. (…중략…) 연륙교의 건설은 제주 지역에서의 외곽지역인 우도 주민들에게 도시와의 접근성을 강화시키는 작용이 크다고 할 수 있다. (…중략…) 지역주민들의 고용확대 등을 통해 소득사업에 참여하는 기회가 마련되면서 인구가 증가될 수 잇을 것이다. (…중략…) 직장인들이 우도에서 출퇴근이 가능해져 주택마련이 해소될 수 있을 것이며, (…중략…) 조명시설을 설치해 야간 볼거리 창출로 관광효과를 발생시킬 수 있다. (…중략…) 무엇보다 학생들이 제주시로 주거지를 옮길 필요성이 줄어들게 된다. 이는 우도민 가정들의 경제적 부담을 덜어줘 인구가 감소하는 현상을 완화시킬 수 있을 것으로 본다. (…중략…) 오후 5시가 넘어가면 교통이 끊길뿐더러 기상악화가 겹치면 헬기 수송조차 어려워져 완전 고립되어 버린다. (…중략…) 우도가 떠나는 농촌이 아니고 돌아오는 농촌으로 탈바꿈시키기 위해서는 과감한 연륙 투자 사업을 이끌어 내야 한다.[19]

우도의 연륙교는 제주도가 우도에 1,350억 원 정도로 추산되는 모노레일 설치를 기획하자 이에 대한 대안으로 제시된 것이었다. 제주도는 환경과 관광객을 위해 우도에 친환경관광교통 시스템을 도입하

19 『뉴스제주』, 2011.5.8.

고자 했고 우도는 제주도와의 연륙시설을 원했다. 모노레일이든 연륙교이든 길은 그들의 삶을 바꿔놓을 것이었다. 해안도로를 통해 이미 한번 경험했던 것처럼 말이다.

우도는 해안도로를 요구했던 자신들을 자책한다. 해방 이후부터 줄곧 우도의 중심지였던 중앙동은 우도 주민들의 요구로 해안도로가 개설된 후 몰락의 길을 걷다가 지금은 공동화가 상당히 진행된 상황에 직면했다. 우도면 사무소나 농협 등은 여전히 중앙동에 위치하지만, 도항선을 싣고 온 관광객들의 차들이 해안도로를 달리면서 섬의 실질적인 중심지는 홍조단괴 해변을 옆에 꿰 찬 해안도로 쪽으로 옮겨갔다. 하루에 섬에 들어올 수 있는 차량의 수를 605대로 제한해야 할 만큼 해안도로는 관광객들의 차지가 되었다. 주로 외지인들의 소유인 펜션들이 해안도로 주변으로 들어서기 시작했는데, 이곳의 지가는 평당 150만 원에 이르는 곳도 있다고 한다. 해안도로와 차를 실을 수 있는 도항선은 관광객 급증의 주요 요인이었다. 여기에 2009년 5월 기존의 해안도로 위에 1-1번 우도 올레길이 놓이면서 올레꾼이 급증했다. 농업과 어업을 주요 생계수단으로 삼았던 우도는 60%의 소득을 관광업에 기대는 곳으로 변했다. 그러나 관광객의 66%는 불과 2~3시간 동안만 우도에 머물며 2%만이 이곳에서 1박을 한다. 우도 주민들의 민박집은 외지인의 펜션 때문에 사라져갔고 외지인의 펜션은 해안도로를 달리다 그대로 도항선에 오르는 관광객들 때문에 빛 좋은 개살구 신세가 되었다. 필자가 만난 우도 사람들은 해안도로를 요구했던 자신을 자책했다. 해안도로와 바닷길이 생기면서 섬은 자신들이 예상할 수 없는 방향으로 변해갔고, 그들에겐 그 변화를 통제할 수 있는 힘이 없었다. 우도의 자연은 그대로였고 그들은 우도를 사랑했지만 그들의 삶은 달라졌다.

그들은 자식의 교육을 위해 직장을 위해 제주나 서울 같은 뭍·대도시로 가야 했다.[20] 우도에서 최초로 자전거 대여업을 하면서 우도 여행 대부 역을 했던 우도 토박이 고○○ 씨(53세)는 수 년 동안 조금씩 직접 증축해가던 숙박시설을 자녀의 대학 교육을 위해 외지인에게 팔고 서울로 이사했다. 그리고 몇 년 후 그들 부부만 우도로 돌아왔다. 해안도로 주변의 횟집을 임대한 그는 서울이 답답해서 견딜 수가 없었다고 말한다. 그리고 밤에는 제주시에 가서 영화도 보고 싶고 각종 문화를 즐기고 싶다고 말한다. 우도 사람들이 연륙교를 요구하는 이유는 그들 역시 근대 대도시의 체제 아래서 살고 있는 사람이기 때문이며 우도엔 그것이 부족하기 때문이다. 긴급한 상황에서도 의료서비스를 받을 수 있고 언제든지 도시에 접근할 수 있는 권리의 확보, 도시에서 교육받기 위해 지불해야 하는 추가 비용의 축소 등 도시 사람들은 당연히 누리고 있는 현대 문명의 혜택을 적극적으로 공유하는 것. 우도 사람은 이것을 '삶의 질'의 개선이라고 표현했다. 관광객의 욕망을 가득 태운 노란 잠수함이 지두청사 앞 바다 밑으로 하루에도 수 차례씩 내려가듯, 낚시꾼의 욕망을 실은 해상호텔 배가 밤새 우도와 성산포의 중간 바다에 떠있듯,[21] 그의 욕망을 실은 연륙교는 제주시의 문화·교육·상업 시설을 향한다. 우도의 주장은 "너희들이 여기서 한

20 1970~1980년대 우도 인구가 3,500여 명이었지만 2012년 현재는 1,500여 명이다.

21 정식 명칭은 제주마린리조트인데 1박 2일을 배에서 숙식을 하면서 낚시를 한다. 이 상품은 잠수함과 마찬가지로 우도 주민과는 아무런 관련이 없는 자본으로 만들어졌다.

번 살아봐라"는 한 문장으로 압축된다. 그러나, 제주도가 우도의 정체성을 말할 때 그는 자신의 삶과 욕망을 말하지만, 관광객의 시선을 차용한 제주도의 말은 우도의 말을 짓누른다. 뭍·대도시의 욕망은 섬의 욕망에 우선한다.[22] 그도 그럴 것이 2011년엔 100만 명의 관광객이 우도를 찾았는데, 우도 관광객 77%는 우도 여행에서 가장 좋았던 점으로 자연환경을 꼽았다. 우도가 관광지로 각광받는 이유는 '섬 속의 섬'이라는 고유브랜드와 '슬로우시티형' 체험관광지로 각인되어 있기 때문이며, 2009년 5월에 개장한 1-1번 우도 올레가 선풍적인 인기를 끌고 있기 때문이란다.

고영서: 제가 제일 좋아하는 곳이에요. 근데 관광객들 데리고 다니다보면 이런 덴 그냥 지나치게 돼요. 솔직히 길 같은 데 관심 있는 사람 별로 없거든요. 사람들은 어디 도착해서 뭘 보기를 원하지 가는 길에 뭐가 있는지 별로 관심이 없나 봐요.

(…중략…)

고영서: 사람들은 여행지에선 쉽게 낭만적인 감정에 빠져들죠. 그래서 그때 느꼈던 감정들은 집으로 돌아가는 즉시 추억이 돼 버리는 것 아닌가요?

박태희: 그게 뭐 잘못됐어요? 추억을 갖는다는 게.

고영서: 아뇨. 잘못된 건 없지만 난 그런 추억 속의 상대가 되고 싶진 않아요.

— **영화 〈연풍연가〉 중에서**

---

22 오해하지 않기를 바란다. 필자는 연륙교 건설을 주장하는 것이 아니다. 이 글은 말(욕망)들의 위치와 위계 그리고 그 근원에 대해 말하고 있을 뿐이다.

뭍·대도시의 욕망과 시선을 보편적인 것인 양 반복해온 여타의 텍스트들과는 달리 〈연풍연가〉는 쌍방의 시선을 부각시키는 과정을 거친다. 타자로만 존재하던 섬이 말을 하는 불완전하지만 낯선 경험을 관객들에게 제공한다. 서울의 태희가 선택할 수 있는 길은 두 개다. 하나는 사회적인 성공을 보장하는 일본을 향한 길이며 하나는 진솔하고 순수한 사랑이 있는 제주로 난 길이다. 제주의 영서는 어머니를 비롯해 주위 많은 사람으로부터 뭍의 남자는 언젠가 떠날 것이니 그와 결혼하면 안 된다고 교육받는다. 여행 가이드인 영서는, 딱딱한 얼굴로 제주에 도착한 태희에게 길을 가르쳐준다. 이 과정은 태희가 영서에게 제주의 정체성을 질문하여 답을 얻는 과정에서 이루어진다. 태희는 제주도에서만 볼 수 있는 특이한 것을 원하는데 이것은 제주도의 장소성에 대한 질문에 해당한다. 당혹해하던 영서는 산굼부리처럼 여타 지역과는 다른 특이함을 제안하는 등의 시행착오를 거친 후, 결국 자신이 개인적으로 좋아하는 장소로 그를 이끈다. 제주의 전시되지 않은 부분 즉 무대의 후면부야말로 관광객 태희의 욕망을 충족시키는 부분이다. 자신이 좋아하는 길 위에서 선 영서는 길 위를 달려 어디론가 가고자 하는 관광객은 길 자체에는 관심을 두지 않는다고 말한다. 그녀가 말하는 길은 뭍·대도시가 욕망하는 제주도의 은유다. 자들 빼달라는 서울의 전화가 느닷없을 수 있는 이유는 이곳 제주가 일상의 공간이 아닌 길 위의 공간으로 인식되고 있기 때문이다. 그녀는 뭍·대도시가 제주도를 어떻게 욕망하고 있는지 그로 인해 제주도가 얼마나 소외되고 있는지에 대해 말하고 있다. 태희와 영서의 말대로 대도시의 욕망에는 잘못된 것이 없다. 여행지는 길처럼 스쳐지나는 곳이며 사진으로 통해 길어 올릴 수 있는 과거 추억의 어느 한 지점일 뿐이다. 그러나 이 추억은 사람들을 추억의 주체로 만드는 동시에 제주도를 추억의 대상으로 만든다. 추억 속의 제주도는 주체가 되지 못한다. 대도시의 욕망은 잘못이 없지만 제주도를 희생시켜 타자에 머물게 함으로써 주체의 욕망이 될 수 있다.

영서의 대사가 관광객의 위치를 위태롭게도 하지만 결국 영화는 대도시를 안심시키는 것으로 마무리된다. "사랑과 환상의 섬 제주도로 오세요!"라는 광고는 영서의 목소리를 대신하며, 서울의 태희는 결국 일본행을 포기하고 제주를 향한다. 태희는 영서가 첫 키스를 했다는 기억의 장소 즉 평범한 나무 아래의 벤치에서 영서를 기다리고 이 무대의 후면부에서 둘은 재회한다. 영화는 영서가 가이드 하던 관광객들이 나무를 둘러보고 벤치에 앉아보는 장면을 담는 것으로 끝난다. 제주도는 "사랑과 환상의 섬" 즉 대도시 서울이 자신의 욕망을 실현할 수 있는 공간으로 재증명된다. 대도시의 욕망에는 아무런 잘못이 없기에 자신의 욕망 자체를 들여다 볼 수 있는 기회를 갖지 못한 관광객은 섬이 자신의 욕망을 충족시켜주기만을 기대한다. 마치 딱딱한 얼굴로 제주도에 도착했던 태희가 영서의 길 안내를 받아 부드러운 미소를 되찾은 것처럼.

〈연풍연가〉는 영서의 주체적인 목소리를 기존의 질서 안으로 포섭해버렸지만, 우도의 선택은 더 거칠고 파괴적인지도 모른다. 우도가 대도시의 욕망을 파괴하는 방식은 우도를 대도시의 공간 조성 방식에 따라 재구성하는 것이다. 홍조단괴 해변을 각종 색의 불빛으로 수놓으면서 근대의 표상 중 하나인 화려한 밤을 만들었고, 공동화된 중앙

홍조단괴 해변의 야간 조명

하고수동의 세계 최대 해녀상

동은 문화마을로 조성하기로 했다. 특히 우도박물관 2층 및 범선박물관, 옛 연평교 관사 등을 예술가들이 일정기간 거주하면서 창작활동을 할 수 있는 공간으로 조성하고 우도박물관 1층에 지역민과 입주 작가의 창작품을 전시·판매하는 창작팩토리 아트숍을 운영하는 한편 빈 집을 예술창작 공간 및 전시장, 박물관으로 리모델링하는 빈 집 프로젝트를 본격 추진하기로 결정했다. 하고수동 해수욕장엔 세계 최대 해녀상이 들어섰고, 톨칸이 가는 길엔 소원기원돌탑길이 만들어졌으며 우도 속의 섬 비양도엔 일출소원성취의자가 놓였다. 우도 올레를 따라서는 불턱이나 당 등에 대한 안내판과 각종 스토리텔링 간판이 배치되었다. 물론 전시물의 내용은 우도의 역사와 생활상에 기반하고 있으나, 이와는 상관없이 이 조성물들은 근대적 발상의 결과물이며 기획의 철학은 쇠락한 마을을 재생시키고자 하는 뭍의 소도시의 그것과 다를 바 없어 보인다. 금전으로 치환할 수 있는 공간을 생산하기 위해 낡고 어두운 여백을 각종 버라이어티variety로 메우고 그 불연속적인 볼거리들을 서사로 엮어가는 방식. 대도시의 그것들에 비해 볼품없는데도 뭍·도시의 방식과 문명을 차용하여 전시하는 것은, 전혀 의도한 것은 아닐 터이지만 일종의 역설 같기도 하다. 도시와 근대의 사유방식을 서툴고 우스꽝스럽게(?) 모방하여 전시함으로써 뭍·대도시의 요구를 전복시켜 고발하고 우도 주민 자신의 욕망을 드러내는 것처럼 보이기도 한다. 이즈음 해서 "여기서 한번 살아봐"라는 우도 사람의 말은 "난 너희들이 바라는 그런 곳에서 살고 있지 않아"라는 외침처럼 들린다.

이 조성물들과 기획은 제주시의 지원을 받아 시행되었다. 우도 출신인 도시자는 "다른 나라처럼 우도도 특색 있는 건물을 지으면 좋겠다. 건물을 모두 하얀색으로 하면 어떻겠냐"며 "해안가 건물을 중심으로 지붕까지 모두 하얀색 건물로 하는 방안을 검토해 보라고"고 지시했다. 그러나 우도 주민 고○○ 씨의 바람은 이와 달랐다. 그는 관광객을 위한 문화시설이 아니라 우도 주민을 위한 문화시설을 원했다. 특히 공동화되고 있는 중앙동에, 밤마다 술 마시며 노름하는 지역 젊은이들이 건설적인 이야기를 교환할 수 있는 공간이 조성되기를 바랐다.

> 제주도는 지역현안을 반영할 수 있는 대선을 앞둔 민감한 시점에서 찬성도 반대도 아닌 애매모호한 입장이다. (…중략…) "도정의 입장은 결론을 안 내렸다. 신중해야 할 것 같다"고 밝혔다. 이어 "도민의 의견이 결집돼있지 않은 상황"이라며 "1일 관광수요가 활성화 될 것은 예상되지만 제주에 도움이 되는 것인지, 효율적인지 아직 구체적으로 정하지 못했다"고 덧붙였다. 이처럼 제주도가 신공항 건설을 우선한다는 입장은 분명하나 해저고속철도에 대해서는 명확하게 정리하지 못하면서 일부에서는 혼란을 초래, 자칫 빈손이 될 수도 있다는 우려를 제기하고 있다.[23]

해저터널에 힘을 쏟고 있는 전남과는 달리 제주도는 신공항 건설을 우선시하고 있다. 제주도는 해저터널을 통해 서울경제권에 편입되는 것보다는 세계와 직접 교류할 수 있는 길을 원하는 듯하다. 중국·일본 등 외국 관광객의 수가 늘어나고 있는 상황에서 그들과 직접 연결되는 길을 마련하는 것이 제주도로서는 유리할 것이다. 해저터널은

23 『제민일보』, 2012.7.6.

우도에 세워져 있는 광고판

무안국제공항을 동북아 허브공항으로 만들 가능성이 높으며, 이때 제주도로 가는 길은 우회로일 수밖에 없기 때문이다. 제주가 꿈꾸는 뭍은 한반도에 국한되지 않는다. 이는 우도에도 새겨져 있는 문구 "세계가 찾는 제주, 세계로 가는 제주The World Comes to Jeju, and Jeju Goes to the World"에서도 확인된다.

지금까지 사용한 '뭍·대도시'라는 단어가 한국의 한반도를 가리키는 것으로 전제했다 할지라도 이젠 그 전제를 수정해야 할지도 모른다. 제주도가 길을 놓고자 하는 뭍·대도시는 한국이라는 국가의 뭍·대도시라는 것을 대중문화가 아무리 당연시했다 하더라도, 수용자 역시 생각할 필요도 없이 그것을 자연스럽게 받아들였다 할지라도, 국가 경계에 대한 의문과는 아무 상관없이 그것은 뭍·대도시에게만 익숙한 질서일 뿐인지도 모른다. 작은 섬을 뭍과 근대 대도시의 욕망으로 채색한 큰 섬은 뭍·대도시와의 관계에 있어서는 뭍·대도시의 질서와는 다른 것을 꿈꾼다. 섬으로 가는 길과 섬이 가는 길은 비슷하면서도 사뭇 달라 보인다.

제주는 더 이상 해저터널을 말하지 않으며, 우도 역시 연륙교를 입에 올리지 않는다. 그들은 한반도라는 육지가 아니라 세계를 향한 길을 찾고 있다. 그렇다고 이 길을 제주가 선택한 길이라고 말하기에는 미심쩍은 부분이 많다. 한국은 1990년대 말 외환위기라는 충격으로 자본제적 신자유주의를 체험하게 되었는데, 이즈음 한국 정부는 세계화라는 추세에 의지해 각 지역들을 세계시장 경제와 맞서야 하는 처지로 내몰았다. 언제나 그랬듯 제주는 그 본보기, 실험장이었다. 제주를 환상공간, 경계공간으로 설명하는 대중문화나, 세계를 향하겠다는 당찬 포부를 내건 제주나, 지역 주민의 목소리보다 더 큰 목소리를 내기에 바쁜 듯하다.

참고문헌

강만익, 「우도 어촌의 성립과 변천과정」, 『제주도연구』 10집, 제주도연구회, 1993.
박재환, 「人間相互作用에 관한 濟州島民의 社會意識」, 『제주대학교 논문집』 9, 제주대, 1977.
송종인·박치완, 「바슐라르와 물의 심상들」, 『인문논총』 25집, 경남대 인문과학연구소, 2010.
유철인, 「제주사람들의 文化的 正體感」, 『탐라문화』 5, 제주대 탐라문화연구소, 1986.
장윤정, 「영화를 통한 장소이미지의 교류」, 서울대 석사논문, 2005.
최병길 외, 「제주도 정체성 변화에 관한 비교 연구」, 『제주도연구』 15집, 제주도연구회, 1998.

이성용, 『호남-제주 해저고속철도가 제주지역에 미치는 영향분석 - 도민의식조사를 중심으로』, 제주발전연구원, 2011.
현용준, 『제주도전설』, 서문당, 1976.

『뉴스제주』, 2008.1.29·2010.1.15·2011.5.8·2011.6.14.
『동아일보』, 2008.12.18.
『미디어 제주』, 2011.4.25·2011.6.28.
『제민일보』, 2012.2.17·2012.7.6.
『제주의 소리』, 2007.9.5·2011.3.6·2011.6.1·2011.6.16.
『제주일보』, 2009.11.26·2010.8.6·2010.10.21·2011.3.29·2011.6.23·2011.7.22.
『제주투데이』, 2012.5.29.
『제주포커스』, 2011.3.17.

대중문화, 나가사키를 진혼鎭魂의 원폭도시로 만들다 *

박수경

1. 나가이 다카시永井隆와 피폭지, 우라카미浦上

반핵평화운동과 관련하여, 히로시마가 원폭피폭에 대하여 많은 정치적 발언을 발신하여 분노하는 히로시마怒りの廣島라고 불림에 반하여, 나가사키는 그 고발, 발언하는 분노의 태도가 히로시마보다 희박하며, 인내를 감당하는 것으로 느껴져 기도하는 나가사키祈りの長崎라고 흔히 불린다. 나가사키가 이러한 별칭을 갖게 된 이유를 알기 위해서는 나가사키의 역사를 살펴보아야 한다. 현재, 인구 45만 명인 나가

* 이 글은 「대중문화, 진혼의 원폭도시 나가사키 생산」(『일본문화연구』 45, 동아시아일본학회, 2013)을 수정・보완한 것이다.

나가사키시 우라카미

사키시는 16세기 말 쇄국시대에 외국으로 열린 유일한 무역항으로 포르투갈인이 입항한 이후, 포르투갈을 비롯한 네덜란드, 스페인 등의 다양한 이문화가 수용되는 지역이었다. 그 이문화 중의 하나가 기독교[1]였는데, 토쿠가와 이에야스德川家康(1542~1616)가 이끄는 에도막부기인 1614년에 쇄국정책으로 기독교 금지령이 발포되어, 이후 오랫동안 금교시대에 접어든다. 그러나, 이러한 막부의 금교령에도 불구하고, 근대에 이르기까지도 나가사키의 우라카미 지역에는 숨어서 기독교를 믿는 신자들이 많았다. 이런 역사적 배경 하에서, 1945년 8월 6일 히로시마에 역사상 최초의 원자폭탄이 떨어지고, 사흘 후인 8월 9일 나가사키에 두 번째 원자폭탄이 떨어지는데, 이 두 번째 폭탄은 나가사키에서 기독교 신자가 많이 모여 살던 우라카미 지역에 떨어지고 만 것이다.

그 피해로 당시 나가사키 인구 23만 명 중 7만 명이 사망하고, 7만 명이 부상당하는데, 기독교 신자 12,000명 가운데 8,500명이 사망한다. 이렇게 많은 사망자를 눈앞에 두고, 의사이며 학자, 또 기독교 신자인 동시에 그 자신이 피폭을 당한 나가이 다카시永井隆(1908~1951)가 원폭

1 정확히 구분하자면 가톨릭인데, 일본에서는 기독교, 가톨릭을 아울러 모두 기독교라고 한다. 그래서 성당, 천주당도 교회라고 일컫는다.

구호활동을 펼친 것이다. 신앙심 깊은 그의 말 한마디는 나가사키 전체를 울렸다 하여도 과언이 아니어서, 기도하는 나가사키란 그로부터 시작하였다 할 수 있다.

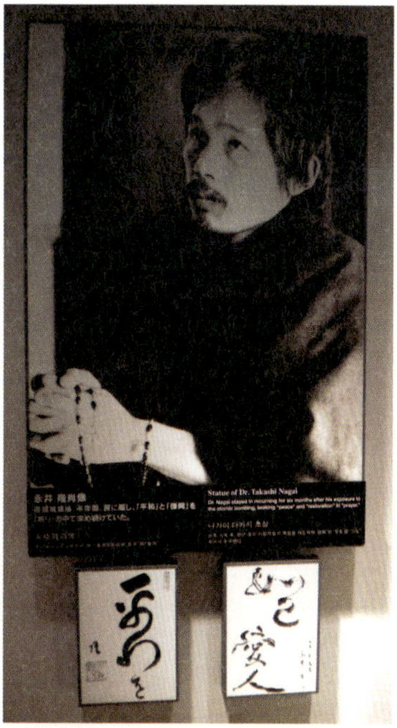

나가사키원폭자료관에 전시된 나가이 다카시 사진

나가이 다카시에 대하여 소개하자면, 그는 1908년 시마네현島根縣 마즈에시松江市에서 출생하여, 1928년 나가사키의대長崎医大에 입학하여 1932년 의대 수석으로 졸업, 방사선 의학 조수로 활동한다. 1933년 만주사변에 종군, 1934년 기독교 세례를 받고, 기독교신자인 모리야마 미도리森山綠와 결혼하게 된다. 이듬해, 1935년 장남 마코토誠一가 태어나고, 1941년에는 딸 카야노茅乃가 출생한다. 군의로서 두 번째 전쟁 참가는 1937년 중일전쟁 때 이루어지는데, 2년 6개월 동안 종군한다. 1940년 무사귀국 후, 1944년에 의학박사 학위를 취득한다. 그러나 핵폭탄이 투하되기 3개월 전인 1945년 6월 만성골수성 진단으로, 여명 3년을 언도받는다. 나가사키에 핵폭탄이 투하되던 1945년 8월 9일에는 피폭중심지로부터 700미터 떨어진 나가사키의대에 있었으며, 오른쪽 두동맥을 절단하는 상처를 입게 된다. 8월 11일 원폭사한 부인 미도리를 매장하고 이후 2개월에 걸친 구호활동에 들어가는데, 10월 15일에는 우라카미로 돌아와 새로운 생활을 재건한다. 나가이 다카시는 일본이 패전되기 전부터 시와 그림 등에 능숙한 가인歌人으로 유명했고, 신심 깊은 기독교 신자로도 우라카

시립 나가이 다카시 기념관

시립 나가이 다카시 기념관의 왼쪽 편에 있는 여기당

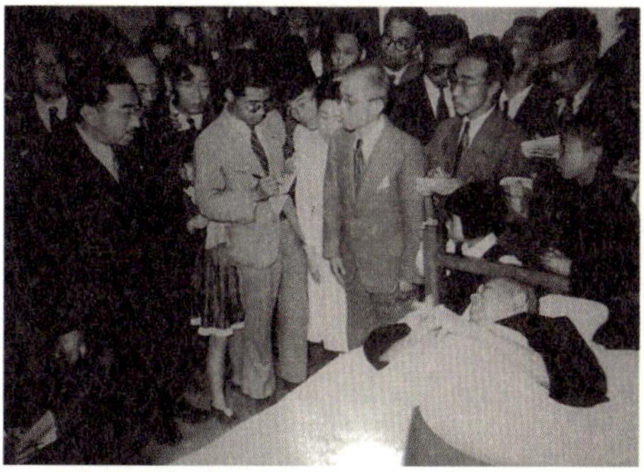

나가이 다카시 기념관에 전시되어 있는 천황방문 사진과 천황이 내린 은배

미 지역에서 유명하였는데, 이로 인해서 11월 23일 우라카미교회합동위령제浦上教會合同慰靈祭에서 신자 대표로 조사弔辭를 낭독한다. 이후, 1948년 여기당如己堂[2]으로 옮기어, 이곳에서 1951년 사망 직전까지의 말년을 보낸다.

나가사키시에는 시립 나가이 다카시 기념관市立永井隆記念館과 여기당如己堂이 있는데, 이곳에서 천황 방문 사진과 천황이 내린 은배 등 그에 대한 많은 자료와 문헌 등을 접할 수 있다.

일본이 패전한 후, 1949년에 나가이는 자신의 원폭체험, 구호체험과 원폭사망자들에 대한 생각들을 『나가사키의 종長崎の鐘』에 담아내는데, 이를 통하여 그는 대중적 입지를 굳힌다. 나가이가 얼마나 대중성을 확보하였는지 단적으로 제시하면, 나가이가 1951년 5월 1일 사망하자, 시는 나가사키시공장市公葬으로 장례를 치르기를 결정하고, 5월 14일 고별식을 행하는데, 여기에는 시민 2만 명이 참가하였다. 다른 한편

2 여기당 명칭은, 나가이가 자기를 사랑하듯이 남을 사랑하라는 성경 문구에서 따온 것이다.

1949년 초판된 『나가사키의 종』

1950년 영화로 상영된 〈나가사키의 종〉

으로, 나가이가 대중매체에 노출된 것을 보면, 우선 NHK는 1949년 5월 17일 '병자, 의사, 신자인 나'라는 제목으로 방송을 내보내었다. 『나가사키신문長崎新聞』에 실린 나가이 관련 기사로는 대표적으로 다음의 것들이 있다. 천황이 나가이를 직접 방문하고(1948.5.28), 또 천황으로부터 은배를 하사받는다(1950.6.2). 교황으로부터는 특사가 파견되며(1950.6.12), 이례적이라 할 교황의 축복을 받는다(1950.12.16). 나가이 사후에는 헬렌켈러로부터 추도의 편지를 받으며(1951.9.21),[3] 1949년 노벨 물리학상을 받은 유가와 히데키湯川秀樹(1907~1981)가 고아로 남겨진 나가이의 자녀를 방문한다(1954.11.10). 다음으로, 나가이의 수상력으로는 1949년 8월 1일 나가사키시장표창을 받고, 1949년 12월 26일에는 나가사키명예시민칭호 제1호를, 1950년 6월 1일 내각총리대신 표창장을 수여받았다.

나가이가 어떻게 대중성을 확보하게 되었는지는 이미 언급하였듯이, 그의 대표작이며, 전후 최초의 원폭문학인 『나가사키의 종』에서

---

3 나가이 사망 전인 1948년 10월 18일 헬렌켈러가 나가이를 직접 방문하기도 하였다.

유리종 4

인형 종 5

술 6

비롯되었는데, 그는 비단 『나가사키의 종』 뿐만 아니라, 이외에도 상당수의 문학작품과 시, 그림을 남겼다. 또, 그 자신뿐만 아니라 그를 소재로 한 문학작품, 영화, 가요, 기관지 등이 1980년대 이후 현재까지도 지속적으로 생산되고 있다.[7]

---

4 출처 : http://ikumin.net/02/omiyage00.html

5 출처 : http://item.rakuten.co.jp/h-momo/10004274/

6 출처 : http://4travel.jp/domestic/area/kyushu/nagasaki/sasebo/huistenbosch/travelogue/10532153/

7 나가이 관련 출판물을 언급하자면, 나가이 집필로 문학작품류, 번역물, 논문과 강연, 전집, 기관지, 회지 등을 들 수 있는데, 문학작품류를 소개하면 다음과 같다. 『멸하지 않는 것을亡びぬものを』(1948), 『로자리오의 목걸이ロザリオの鎖』(1948), 『이 아이를 남기고この子を残して』(1948), 『생명의 강生命の河』(1948), 『꽃 피는 언덕花咲く丘』(1949), 『사랑스런 아이여いとし子よ』(1949), 『소녀고개乙女峠』(1952), 『여기당수필如己堂随筆』(1957), 『마을의사村医』(1978), 『평화탑平和塔』(1979), 『원자들판 녹음原子野録音』(1947～1951, 『성모의 기사聖母の騎士』 연재), 『나가사키의 꽃長崎の花』(上中下)(1950～, 일간日刊 『동경타임즈東京タイムス』 연재), 歌集 『새로운 아침新しき朝』(1999), 『나가이 다카시 전집永井隆全集』 全3巻(2003). 이 중, 다수가 베스트셀러가 되는데, 특히 부성애를 다루는 『이 아이를 남기고』(1948)는 20만 부가 팔리는 대히트 작품이었다. 영화로는 〈나가사키의 종長崎の鐘〉(1950)이외에, 〈이 아이를 남기고この子を残して〉(1983)가 있으며, 그의 생애를 소개하는 글을 대표적으로 들면 『나가이 다카시의 생애永井隆の生涯』(1961), 『평화를 ～ 나가이 다카시平和を～永井隆』(2005) 등이 있는데, 『딸이여 여기가 나가사키입니다娘よここが長崎です』(1985), 『나가이 다카시 평화를 기도하고 사랑으로 살은 의사永井隆 平和を祈り愛に生きた医師』(2007)는 특히 아동용으로 쓰인 글이다. 기관지로는 『나시무なしむ』가 현재(1997～2012.6.7)까지 31호가 발행되어 있는데, 이 기관에서는 1994년부터 나가이 다카시 평화기념 · 나가사키상永井隆平和記念 · 長崎賞을 수여하고 있다. 한국에서는 최근 『사랑으로 부르는 평화의 노래』(2000)가 발행되었고, 회지로는 『여기애인如己愛人』이 현재(2007～2012.6)까지 30호가 발간되었다.

대중매체를 통한 대중성 확보 이외에도, 나가사키 여행선물로 나가이의 『나가사키의 종』은 위의 사진과 같이 소비되고 있다. 종鐘 모양으로 나타나거나, 인형 종, 술에는 '나가사키의 종長崎の鐘'이 그대로 표기된다. 또, 나가이의 『여기당수필如己堂隨筆』(1957)에 돼지 그림과 함께 적은 "꼬리도 한 역할"을 모티브로 한 과자와 나가이 자필을 넣은 나가이 탄생 100주년 기념 과자가 만들어지기도 하고 있다. 나가이는 대중성을 확보하고, 여러 가지 형태로 재생산되고 회자되고 있다.

이 글에서는 나가이를 둘러싼 대중문화에 초점을 두는데, 그 주내용은 나가이의 사상이 담긴 대중문화가 나가사키에 어떠한 영향을 끼쳤는지 살펴보는 것이다. 여기서 특히 역점을 두는 것은 나가이의 원폭관으로, 구체적으로 나가이가 원폭투하를 어떻게 보았으며, 또 피폭사망자에게 취하는 위령의 태도가 어떠하였는지를 고찰하여, 이러한 태도가 나가사키와 어떤 식으로 연결지어 나타나는지를 살펴보기로 한다.

2. 나가이 다카시의 원폭관과 위령

1945년 8월 9일 피폭 후 3개월이 지난 1945년 11월 23일 우라카미교회浦上教會에서 원폭사한 기독교 신자들의 넋을 위로하기 위한 합동위령제가 행해지는데, 나가이 다카시는 여기서 신자대표로 조사를 낭독한다. 조사의 내용은 그의 대표작이며, 전후 최초의 원폭문학으로 베스트셀러가 된 1949년 발간 수필 『나가사키의 종』에 원자폭탄합동장조사라는 이름으로 다음과 같이 수록되어 있다.

> 게다가 원폭이 떨어질 때에 군수공장을 노린 것이 구름과 바람 때문에 북쪽으로 조금 치우쳐, 천주당 정면에 흘러떨어졌다는 이야기를 들었습니다. 만약 이것이 사실이라면, 미군 비행사는 우라카미를 노린 것이 아니고, 신의 섭리로 폭탄이 이 지점에 떨어졌다고 해석 못할 것도 없을 겁니다.
>
> 전쟁이 끝난 것과 우라카미가 전멸당한 것 사이에 깊은 관계가 있지는 않는가. 세계대전쟁이라는 인류 죄악의 보상으로서, 일본유일의 성지인 우라카미가 신의 제단에 도축되어 희생되어야 하는 순결한 양으로서 선택받은 것은 아닐까요. (…중략…) 주가 주시고, 주가 가져가신다. 주의 이름은 찬미되어야 한다. 우라카미가 선택되어 번제燔祭(holocaust)에 바쳐진 것을 감사히 여깁니다. 이 소중한 희생으로 세계 평화가 재래하고, 일본에 신앙의 자유가 허가된 것에 감사드립니다.
>
> 바라건대 죽은 영혼들이여, 천주의 곁에서 편히 쉬시기를 아멘.[8]

전후 문맥으로는 원폭으로 죽은 처와 아이는 세간의 속설, 소문대로 천벌을 받아 죽은 것으로 생각되어 괴로워하는 기독교 신자가 등장하는데, 이에 대하여, 작중 주인공은 원폭이 우라카미에 떨어진 것은 감사할 일로, 이것은 '신의 섭리'에 의한 것이라고 한다. 원폭희생자는 순결한 어린양이며, 우라카미가 선택되어 번제에 바쳐진 것을 감사하게 여기며, 이것은 고귀한 희생이라고 피로한다. 이를 두고, 타

---

8 永井隆, 『長崎の鐘』, サンパウロ, 2007, 142～149쪽.

카하시 신지高橋眞司는 우라카미번제설浦上燔祭說로 명명하였다.

당시, 이러한 설은 실제로 원폭으로 가족을 잃은 많은 기독교 신자에게 위로가 되었으며, 우라카미 재건에 큰 희망이 되었는데, 우라카미번제설은 왜 그런 효과를 가질 수 있었는가. 이에는 우라카미의 역사를 좀 더 상세히 이해할 필요가 있다. 시외곽 지역에 위치하는 우라카미는 도요토미 히데요시豊臣秀吉의 금교령으로 근 400년간 종교적 박해를 받아왔다. 차별과 멸시를 받는 이 지역에 원폭이 투하되는데, 산이 많은 나가사키의 지형 상 이곳에 원폭의 영향력이 집중되는 반면, 구 시중심지는 우라카미가 완충작용을 해주어, 상대적으로 피해가 적었다. 신도神道를 믿는 구 시중심지와 기독교를 믿는 우라카미 사이에는 본래부터 종교적 갈등이 존재하였는데, 지형적 이유로 많은 기독교 신자가 사망하자, 구 시중심지 사람들은 이를 두고 '원폭은 나가사키가 아니라 우라카미에 떨어졌다', '수와신사諏訪神社가 원폭으로부터 우리를 구해주었다'고 하면서 우라카미가 피폭당한 것을 천벌로 생각하는 속신을 가지게 되었다. 이런 상황을 이해한다면, 나가이가 피폭기독교 신자들에게 말한 우라카미번제설이 얼마나 그들에게 큰 위로가 되었을는지 충분히 가늠하고 남는다.

우라카미번제설에 대하여는 옹호론과 비판론으로 나뉘는데, 옹호론자들의 주장을 정리하면, 우라카미번제설은 피폭 후 차가운 사회적 차별의 시선에 내던져진 신도들의 좌절과 절망감을 위로하는 나가이의 신앙의 말이라는 것이다. 반면, 비판론자들의 주장은 우라카미번제설이 가지는 이중면책 기능에 초점을 두고 비판을 가한다. 우라카미번제설의 주축은, 원폭투하가 '신의 섭리'라는 것인데, 신의 섭리로서 자리매김됨으로써 일본의 전쟁 책임과 미국의 원폭투하는 면죄부를 얻게 된다.[9] 이것이 이중면책이다. 그리고, 이와 더불어, 피폭자는 원폭투하가 신의 섭리에 의한 것이 됨으로 해서, 누구에게도 배상이나 보상을 요구할 수 없어지게 된다.

그런데, 한 가지 주목해야 할 점은 나가이가 조사를 읊은 합동장에서는 나가이보다 먼저 우라카미 출신의 사교이면서 센다이仙台 교구장인 우라카와 와지로浦川和三郎가 추도설교를 하였는데, 그 마지막 문구는 "모두들, 천국의 부름을 받았습니다. 원폭을 신의 섭리라고 생각하여, 살아남은 자들은 우라카미 부흥에 최선을 다하여야 하겠습니다"로 매듭을 짓고 있다. 이것은 당시 피폭 차별을 받던 우라카미신도들을 향한 신앙의 말이었으며, 나가이가 설했던 우라카미번제설과 맥을 같이 한다. 거듭 언급하면, 원폭을 '신의 섭리'로 여기는 생각은 신앙적 차원이면서, 나가이만의 독창적인 생각이 아니었다. 그러나, 나가이만이 이 설을 설파한 것처럼 여겨지면서, 기독교 신앙지역인 우라카미 지역을 벗어나 나가사키 전역으로 퍼져나갔다. 이러한 배후에는 GHQ(General Head quarters)연합국최고사령관이 '신의 섭리'가 게재된 『나가사키의 종』을 이용하여, 일본인의 원폭관을 콘트롤할 수 있다는 계산에서 시작되었다. 우라카미번제설의 전파는 미국의 원폭투하 정당화에서 힘을 얻었고, 나가사키시는 국제문화도시건설법으로 GHQ의 경제적 지원을 구하고자 하였던 것이다. 나가사키시가 GHQ 앞에서 스스로를 평화의 희생양으로 자처한 것을 간과할 수 없다.[10] GHQ

---

9 高橋眞司, 『長崎にあって哲学する－核時代の死と生』, 北樹出版, 1994, 200～201쪽.

10 GHQ와 국제문화도시건설법을 추진하는 나가사키시에 의하여 나가이와 그의 저서 『나가

와 나가사키는 각자의 필요에 의하여, 개인의 신앙의 말이었던 나가이의 '신의 섭리'를 공공의 장으로 끌어내어 전유하는데, 이로 인해 원폭희생자는 순결한 어린양이며, 고귀한 희생으로 자리매김되어 승화된다. 그러면, 이러한 종교적 해석을 걷어내고 원폭사를 정의한다면, 어떻게 정의할 수 있는가.

타카하시 신지는 원폭에 의한 죽음, 즉, 원폭사를 폭력사, 정치사, 비상사, 과잉살상, 원폭지옥, 무참한 생으로 정의한다. 원폭사는 폭력사로 과학, 기술문명의 진전과 함께 더욱 격해지며 처참해지며, 자연사가 피할 수 없는 죽음임에 반하여, 원폭사는 정치적 의사와 의지에 따라 회피할 수 있기 때문에 정치사라고 할 수 있다. 또, 원폭사는 해당 인간이 살아남더라도, 생식세포가 파괴되어 후세에 태어나 생명이 부여되었을지도 모르는 그 자손까지 전부 전멸 당하게 되는데, 이를 비상사라 한다. 한편, 원폭사를 양적 개념이 아니라, 질적 개념으로 보아 과잉살상overkill으로 칭하는데, 이는 치사량의 수배나 되는 파괴력으로 죽임을 당함을 말한다. 원폭지옥은 인간적임과 살아남는 것이 양립될 수 없는 상황을 말한다. 끝으로, 무참한 생은 살아남기 위하여, 짐승과 같은 인간 이하의 것으로 폄하되는 비인간화를 겪어 생기는 죄의식에서 시작된다. 여기에서 나가이가 말한 '신의 섭리'에 따르면, 나가사키의 원폭사는 정치사가 아니라는 주장이 된다. 왜냐하면, 인간의 행위인 정치적 의지가 아닌, 회피할 수 없는 신의 섭리에 의한 것

사키의 종』이 의도적으로 부각되었음은 新木武志의 「長崎における原爆の表象と「浦上」の記憶」(『歴史評論』, 校倉書房, 2003), 西村明의 『戦後日本と戦爭死者慰靈－シズメとフルイのダイナミズム』(有志舍, 2006) 이외에도 다수의 서적, 논문이 지적하고 있다.

이기 때문이다. 그리고, 나가이는 나가사키의 원폭사를 신의 선택에 의한 고귀한 희생으로 보고, 죽음에 의미를 부여코자 하였다. 그러나, 원폭사망자도 숭고한 희생인가라는 화두로 히로시마와 나가사키의 원폭사망자들은, 비전투원인 시민으로 이들로부터 국가가 제시한 죽음의 목적을 찾을 수 없으며, 덧없이 죽은 아무런 의미 없는 죽음犬死으로 보는 견해가 제기되고 있다. 원폭사에 대한 신앙적 차원에서의 해석과 신앙을 걷어낸 입장에서의 해석은 다른 것이다. 그럼에도 불구하고, GHQ와 국제문화도시건설법 추진에 박차를 가하는 나가사키는 각각 원폭투하의 정당성과 GHQ로부터의 재원 확보라는 목적으로, 나가이의 신앙적 차원에서의 발화를 『나가사키의 종』을 통하여, 대중에게 확산, 노출시켜, 일반 대중의 원폭관을 '견사'가 아닌 '고귀한 희생'으로 굴곡시켰다. 이 과정에는 죽음의 사역자使役者가 누구인가 또는 무엇인가, 죽음의 원인은 무엇인가, 죽은 자를 어떻게 기억해야 하는가에 굴곡이 일어나고, 이에 따라, 산자가 취할 행동에 왜곡, 뒤틀림이 일어난다. 죽음에 대한 해석에 의해 영향을 받는 대표적인 행위가 위령의 방식이라고 할 수 있을 터인데, 니시무라 아키라西村明가 말하는 아래의 위령의 의미를 다음 절에서는 대중문화에 적용하여 나가이가 어떤 식으로 사자를 위령하는지 살펴보고, 그 다음 절에서는 위령의 의미를 확대하여 죽음에 대한 사회의 반응, 태도로 보아, 나가사키가 어떠한 위령의 태도를 가지는지 살피기로 한다. 여기에서는 대중문화가 사회에 끼치는 영향은 막대하다는 것을 대전제로 한다.

니시무라는 폭력을 인위성의 개재 유무에 따라, 자연적 폭력과 사회적 폭력으로 나누고, 다시 폭력과 죽음을 관련지어, 자연적 폭력에 의한 죽음과 사회적 폭력에 의한 죽음으로 재분류한다. 그의 논의를 따르자면, 원폭사는 사회적 폭력에 의한 죽음과 가깝다. 니시무라의 궁극적 논의는 위령의 기능 해석에 있는데, 이를 위하여 그는 폭력, 죽음, 사자에 대한 기억으로 논의를 이끌어나간다. 우선, 자연적 폭력에 의한 죽음이란 통상사通常死를 포함하는 불가항력적 죽음으로 종교적 세계관 등을 바탕으로 하여 참을성 있게 납득되고, 그 영靈은 조령祖靈으로 모셔져, 사자는 사회적 불안정성이 승화된다. 한편, 사회적 폭력에 의한 죽음은 자연적 폭력에 의한 죽음과 달리, 산 자와 죽은 자와의 관계성이라는 특징을 가지는데, 그것은 산 자와 죽은 자가 동일한 사회적 폭력의 영향 아래 처한다는 것이다. 즉, 사회적 폭력의 공유 현상이 일어남을 말하는데, 산 자는 죽은 자에 대한 위령을 통하여 그 사회적 폭력성에 대해 대항하기를 요구받는다.

그리고 두 가지의 죽음에는 기억장치 = 망각장치라는 공식, 즉 올바른 기억 행위를 통하여 비로소 그 기억을 잘 망각할 수 있다는 공식이 성립하는데, 니시무라는 오스틴(1911~1960)의 언어행위론을 빌려, 사실확인적 기억과 행위수행적 기억으로 나눈다. 기억에 대한 이러한 분류를 통하여, 기억은 현재에서 과거로의 지향성뿐만 아니라, 미래로의 지향성까지 포착할 수 있게 된다. 이것이 궁극적으로 의미하는 바는 산 자가 역사의 주체로서 미래로 향하는 행위를 구사하는 역사참입歷史參入 장치적인 측면을 가지게 된다는 것이다. 니시무라는 또 영혼을 가지는 것은 죽은 자만인가라는 화두로 위령에 임함에 있어, 죽은 자의 영혼에 대한 산 자의 영혼, 정신의 공감, 공명이 일어날 것을 가설로 세우고 있다. 이것은 집단에 의해 공유된 과거에 대한 인식, 즉 역사에 대하여, 이성적 인식이 아닌, 직감적 리얼리티로서 수용되는 방식을 가리킨다. 그 예로, 다나카 마루카츠히코田中丸勝彦의 설을 드는데, 근대 일본에서 아아嗚呼로 시작되는 이야기에는 그 이야기의 주인공에 대한 찬미와 동정, 추모로 청자가 화자와 동일한 가치관과 감정으로 도취될 것이 요구되는데, 이러한 상태가 공감, 공명이라는 것이다. 또 하가 죠지羽賀祥二를 들어, 부채의식이 강한 인물일수록 자기희생이 강한데, 더욱이 수직적 관계 속에서 자신을 삭제할 정도로 뛰어난 친밀성을 가진 인물이 현창顯彰의 대상이 된다고 기술한다. 이는 위령의 메커니즘을 설명하는 말로, 죽은 자와 산 자 사이의 영혼의 공감, 공명이 산 자의 금후의 삶의 방식을 규정할 가능성을 간과할 수 없다고 논한다.

니시무라는 위령의 의미를 살피기 위하여, 일본어 동사 나다메루慰める의 뜻을 살피는데, 이로부터 시즈메シズメ/鎮め와 후루이フルイ/奮い라는 개념을 추출한다. 전자는 어떤 폭력성에 대하여 그것을 억제, 억압하는 모든 경향성을 가리키며, 후자는 자율적, 타율적 힘의 발동을 촉구하는 모든 경향성을 가리킨다. 조금 더 자세히 설명하면, 시즈메라는 자장 속에는 산 자가 죽은 자에 대하여 슬픔이나 고통을 위로하는 것이 포함되며, 후루이라는 자장 속에는 산 자가 죽은 자에 대하여 불만스러운 마음을 진정시켜 만족시키는 것이 포함되어 있다. 이러한 개념설정으로, 산 자와 죽은 자 사이에 관계의 연속성이라는 관점을 포착할 수 있게 된다. 결론을 이야기 하면, 시즈메는 죽은 자의 사회적 위치를 재편성하여 그 지위를 승화시킨다면, 죽은 자가 가졌을 무념無念이나 생에 대한 집착이 사라져, 죽은 자와 산 자 사이에는 일정한 거리를 확보할 수 있게 되어, 관계상의 분리, 단절이 가능하다

는 것이다. 한편, 후루이는 죽은 자와 산 자 사이의 접합으로, 사자의 무념, 유지遺志 등을 계승하는 것으로 표출된다. 문화유형을 응용하여 전자가 죽은 자를 산 자로부터 분리시켜, 초월신 곁에 편히 잠들게 한다면, 후자는 죽은 자와 산 자의 상호작용(커뮤니케이션) 공간을 상정하여 죽은 자가 생전에 지닌 문제를 산 자가 파악하여 해결하는 행위를 촉구하는 연결성을 가진다.

3. 대중문화 속, 어긋난 영혼의 공명

나가이의 사상이 나가사키에 끼친 영향을 살펴보기 위하여, 이 글에서 언급하는 대중문화는 나가이와 관련되어 대중성이 다른 어떤 것보다 널리 확보되어 있다고 판단되는 다음의 것들을 거론키로 한다. 나가이가 저술한 『나가사키의 종』(1949.1), 단가短歌 1수, 그림 2점, 그리고, 코세키 유지古關裕而의 가요곡 〈나가사키의 종長崎の鐘〉(1949.7) 1곡이다. 이들은 나가이 사후(1951)에도 지속적으로 출판, 간행되어, 현재까지 대중들에게 지속적으로 노출되고 있는 것들이다. 『나가사키의 종』은 당시로서는 7만 부가 팔리는 베스트셀러였으며, 발행되고 곧이어 연극, 영화, 가요곡으로도 제작되었다. 연극으로는 극단 바라자ばら座가 동경 미츠코시극장三越劇場을 비롯하여, 나가사키 등에서 공연하였다. 영화로는 마츠타케영화松竹映畵가 당시 최고 배우인 와

카하라 마사오若原雅夫, 츠키오카 유메지月丘夢路를 캐스팅, 제작에 들어갔고, 영화 주제곡으로 사토 하치로サトウハチロー 작사, 코세키 유지 작곡, 후지야마 이치로藤山一郎가 노래한 가요곡 〈나가사키의 종〉이 삽입되었다. 영화는 제작부터 화제를 모아, 현지 제작을 위하여 나가사키역에 내린 주인공들을 보기 위하여 역 앞이 인산인해로 가득하였음을 『나가사키신문』(1950.7.29)은 기사와 사진으로 보도하기도 하였다. 영화, 가요곡 모두 전국적으로 상당한 평가를 얻었는데, 가요곡 〈나가사키의 종〉은 1999년 NHK 홍백노래전紅白歌合戰 50주년을 회고하는 가운데, 제1회 출연자 후지야마가 〈나가사키의 종〉을 부른 바 있다. 단가 1수는, 기독교계 학교 준신여자학원純心女子學院 정문에 1954년 세워진 자비의 성모상이 있는데, 그 상의 비문으로 새겨져 있는 것으로, 나가이가 생전에 피폭 사망한 준신여자학원의 학생들을 추도하여 지은 시이다. 그림 2점은 나가이가 부인이 피폭 사망한 것을 추도한 〈미도리 부인 승천 그림綠婦人昇天の繪〉 1점, 딸 카야노를 그린 그림으로 이 글에서 편의상 〈딸 카야노〉로 명명키로 한 1점이다. 〈미도리 부인 승천 그림〉은 연간 방문객수 10만 명을 기록하는 나가사키시립 나가이 다카시 기념관의 팜플렛에 실려 있으며, 〈딸 카아노〉는 동 기념관 1층 전시실에 전시되어 있으며, 또 현재 아동용으로 쓰여진 『딸이여 여기가 나가사키입니다娘よここが長崎です』(1985 초판 1쇄 · 2011 초판 5쇄)에도 실려 있다. 이하에서는 이들 대중문화 속에 피폭사망자에 대해 어떠한 시선들이 내재되어 있는지 고찰하기로 한다. 이때 유의하여야 할 것은 분석대상은 단지 개인의 신앙차원을 넘어서, 사회일반에 유포된 문화로 보아야 한다는 점이다.

『나가사키의 종』에서 '신의 섭리'라는 문구에 초점을 두고 생각한다면, 피폭사망자는 불가항력적 죽음임과 동시에 인위성에 근거한 죽음으로 자리매김할 수 있다. 즉, 이것은 니시무라가 말하는 자연적 폭력에 의한 죽음인 동시에 사회적 폭력에 의한 죽음이다. 두 가지 죽음의 속성을 같이 갖추고 있다. 그러나 인위성의 주체가 신이기에, 즉 신이 계획한 선택받은 죽음이기에 이러한 인위성은 신과 연결지워져, 고귀한 죽음으로 자리 잡게 된다.

또 『나가사키의 종』은 신이 주시고, 신이 거두시는데, 우라카미는 선택받았고, 우리들은 이 일을 감사히 여겨야 한다고 피로하여, 피폭사망을 고귀한 희생으로 보고 있다. '신의 섭리'의 불가항력성과 인위성이 동시에 드러나며, 죽음에 의한 세계평화의 재래와 신앙의 자유 획득이라는 의미부여가 일어나고 있다. 또, 죽은 자의 희생을 숭고한 희생으로 자리매김하고, 신의 곁에서 안식을 취하길 기도하는데, 이것이 궁극적으로 의미하는 바는, 산 자는 자신의 삶에 더 이상의 죽은 자의 간섭, 영향을 거부하는 것으로 볼 수 있을 것이다.

> 패전을 모르고 이 세상을 버리고 간 행복한 사람들이여. 순결한 양으로서 신의 품에서 평안을 누리는 행복한 영혼들이여.[11]

피폭사망자를 순결한 희생양으로 자리매김하여, 신의 곁에 편안히 잠들기를 바라는데, 이것 역시 죽은 자, 과거와의 단절, 분리를 뜻한다 할 수 있다.

---

11 永井隆, 앞의 책, 2007, 146쪽.

끝으로, 『나가사키의 종』은 세계대전의 책임이 일본에 있었음을 우회적으로나마 밝히고, 금후로 일본인은 패전국민의 길을 걷지 않으면 안 된다고 한다. 이는 행위수행적 기억을 바탕으로 하나, 그 내용은 적극적 수행이 아니라, 인내의 수행이다. 하느님과의 수직적 관계선에서 피폭사망자는 고귀한 희생으로 헌창의 대상이 됨으로써 강력한 입지를 구축한다. 한편, 예수는 산 자가 겪을 시련을 이해한다. 이는 산 자는 하나의 시련을 겪고 있으며, 이 시련은 예수의 격려와 이해로 극복할 수 있는 것이다. 그러나, 세계대전의 책임 소재를 명확히 하고, 또 원폭투하의 책임을 묻는 적극적 행위 실천은 요구되지 않는다.[12]

> 전란의 어둠이 드디어 끝나고 평화의 빛이 비친 8월 9일, 이 천주당 앞에 불꽃을 올리는, 아아 큰 번제여! 슬픔의 가장 끝에서도 우리들은 그것을 저 아름답고, 저 순결하고, 저 고귀함에 우러러 본 것입니다. 더러움 없는 연기로 불타 천국으로 올라가신 주임 사제를 비롯하여, 8천의 영혼! 누구를 생각해봐도 좋은 사람들뿐.[13]

'아아'를 통하여 독자에게 피폭은 번제이며, 그것을 아름답고, 순결하며, 고귀하게 여기도록 공감대 형성을 청하고 있다.

> 번제의 불꽃 속에 노래 부르며

---

12 다만, 원폭 투하 책임을 어뢰를 만든 자신들의 책임이라고 언급하는 부분이 나가이의 다른 저서인 『꽃피는 언덕花咲く丘』(1949)에서 보인다. 그러나 여기에서도 원폭투하국인 미국과 전쟁을 일으킨 일본정부와 천황에 대한 언급은 결여되어 있다.

13 永井隆, 앞의 책, 2007, 146쪽.

〈미도리 부인 승천 그림〉

〈딸 카야노〉

흰 백합 소녀 불타오르는구나.

기독교계 학교의 여학생의 피폭사를 추도하는 나가이의 단가인데, 이는 원폭의 아픔, 참상보다는 불길 속에서 찬송가를 부르며, 몸을 사르는 순결한 여학생을 내용으로 하고 있다. 즉, 신으로 향한, 선택받은 기쁨을 찬미하는 시라 할 수 있다.

〈미도리 부인 승천 그림〉은 피폭 사망한 나가이 자신의 부인에 대하여, 제3자에 대한 죽음의 해석과 동일하게 원폭의 아픔, 참상보다는 신으로 향하여 아름답게 승천하는 선택받은 죽음으로 그리고 있다. 〈딸 카야노〉는 딸 카야노가 인형을 안고 있는 그림인데, 그림에 담긴 일화를 소개하면, 카야노는 인형을 어렸을 때 질병으로 죽은 카야노의 여동생으로 생각하고 그 인형을 어머니가 안은 듯이 항상 안고 놀

미켈란젤로의 피에타상

았다. 인형은 나가이가 하얀 술병とっくり에 흰 천을 말아 카야노에게 인형 삼아 안긴 것이었는데, 카야노는 이 인형에 죽은 여동생 이름을 붙여 놓았다. 이러한 일화가 딸 카야노의 저서 속에 소개되는데, 일화는 다음의 글에 이어져 소개된다. 아버지는 예전의 상냥한 웃음을 잃고 조용히 기도만을 하고 있었으나, 딸 카야노는 아무런 변화도 없었다. 이 한 장의 그림이 가지는 의미는 깊다 아니하지 못할 것이다. 그림만으로 보아도 그러하며, 문장과 함께 보아도 그러하다. 그것은 이 그림이 피에타상과 유사성을 가지기 때문이다. 피에타상은 대개 그리스도가 바닥에 눕혀져 있거나, 성모 마리아가 죽은 예수를 무릎에 안고 애도하는 상, 또는 그리스도가 서 있는 상으로 나타난다. 13세기부터 제작되어, 지옷토의 피에타, 지오반니 다 밀라노의 피에타, 닛콜로

델라르카의 피에타, 아비뇽의 피에타, 플로렌스피에타, 론다니니피에타 등이 있는데, 그중 미켈란젤로의 로마피에타가 가장 유명하다.

피에타는 위의 미켈란젤로의 피아타상과 같이 예수의 죽음, 비극과 그 영광을 다루기 보다는 성모 마리아의 어머니로서의 인간적 슬픔과 비통에 초점이 두어져 있다. 그러나, 피에타상에는 우는 소리, 원망하는 소리, 절망하는 소리 등 그 어떠한 소리도 들리지 않는다. 그저 조용하고 고요하며, 예수를 바라보는 성모의 표정은 초연하여, 볼에 살짝 미소마저 띈 듯하다. 죽은 예수로부터 인간으로서의 고통과 필연적 죽음을 넘어선 성모 마리아의 초월적 아름다움이 나타난다. 이를 〈미켈란젤로의 피에타상〉과 관계지어 생각해 볼 때, 〈딸 카야노〉는 나가이의 피에타상이라고 할 수 있다. 죽은 동생 인형을 안은 딸 카야노의 얼굴은 미소를 띄어 평안하고, 고요하며, 온 몸으로 인형을 감싸, 죽은 예수를 지키겠다는 성모 마리아와 흡사하다. 특히, 일화의 서술에서 찾아볼 때, 인형은 나가이가 돗쿠리라는 표면이 매끈하고 흰 술병에 흰 천을 감싸 만들어 준 것으로, 마치 대리석으로 조각된 미켈란젤로의 피에타상의 예수를 연상시킨다. 〈딸 카야노〉는 질병으로 죽은 동생의 죽음을 초연히 수용하고, 보살피는 카야노의 고요하고, 평안한 초월적 아름다움을 묘사한 것이다.

그런데, 〈딸 카야노〉는 단지 카야노의 그림에 불과한 것일까. 일화 속에서 나가이가 부인을 잃고 웃음을 잃어버리고, 기도만 올리는 상황에서 카야노는 이전과 다름없었다고 기술되어 있다. 〈딸 카야노〉는 나가사키, 특히, 우라카미가 겪은 피폭이라는 사회적 맥락 속에서 재해석되어야 하는 것은 아닐까. 〈딸 카야노〉를 피에타상이라고 상정하고, 사회적 맥락을 고려해 〈딸 카야노〉를 분석해 본다면, 인형(죽은 동생)은 죽은 예수이자 피폭사망자가 되며, 카야노는 성모이자 피폭사망자의 가족이 된다. 이러한 토대 속에서, 카야노의 슬픔을 넘어선 평안은 성모의 평안, 초연함이 된다. 그리고, 이와 동시에 피폭사망자의 가족의 감정은 가족을 잃은 분노에서 평안, 초연함으로 치환된다(또는 치환될 것이 요구된다). 또 카야노의 동생의 사망 원인인 질병은 예수의 사망원인인 십자가의 형장으로 바뀌며, 궁극적으로 피폭사망자의 사망원인인 원폭과 연결된다. 거꾸로 이야기하면, 원폭이라는 정치적 사망원인은 질병이라는 자연적 사망원인과 연결지어져, 사회적 폭력에 의한 죽음은 자연적 폭력에 의한 죽음으로 치환된다. 즉, 죽음에 대한 책임을 물을 수 없는 상태가 된다. 그리고 예수의 죽음 이야기가 나오면 인간의 죄가 동시에 부상되기 마련인데, 이 인간의 죄와 맵핑되는 사회적 맥락은 태평양전쟁이다. 예수가 인간의 죄를 대신하여 죽었듯이, 태평양전쟁이라는 죄 때문에 나가사키의 우라카미가 일본 전체를 대신하여 희생되었기 때문이다. 그리고, 핵투하와 '신의 섭리설'의 존립이라는 사회적 맥락 속에서, 핵투하국과 피폭국 사이의 관계를 고찰하면, 핵투하국인 미국은 하나님이 되고, 피폭국이며 원인제공자인 일본은 인간이 되는데, 이런 관계망이 형성된다면, 나가사키의 우라카미는 예수와 같은 기능으로 대신 선택받아 죽은 것이 된다. 이러한 관계망을 알기 쉽게 나타내면 다음과 같다.

〈딸 카야노〉와 〈피에타상〉과 〈신의섭리〉의 관계망

딸 카야노	피에타상	신의 섭리
	하나님	미국
	인간	일본정부
	죄	태평양전쟁
카야노	성모	우라카미 신앙자의 가족
동생	예수	피폭 사망자
질병	십자가	원폭
죽음	죽음	죽음
평안	평화 인내 용서	분노

가요곡 〈나가사키의 종〉은 나가이 저서 『나가사키의 종』을 모티브로 제작된 진혼가로 단조에서 장조로 변화하는데, 당시로서는 참신하고 격조 높은 미적 감각이 돋보이는 곡이다. 슬픔에서 희망찬 미래로 향한 감정을 노래하는데, 진혼의 대상을 숭고하게 만들며, 나가사키와 일본의 재기, 재건을 희망하는 마음이 담긴 노래로 생각할 수 있다.

지금까지 나가이 관련 대중문화를 살펴보았는데, 이들을 간단히 정리하면, '신의 섭리'를 들어 원폭투하의 책임 소재를 추궁하지 않음으로써, 피폭사망이 사회적 폭력에 의한 죽음임에도 불구하고, 자연적 폭력에 의한 죽음으로 수용하고자 함이 느껴진다. 이로 인하여 사자의 무념이나 유지를 받들고자 하는 적극적 행위수행적 기억이 나타나지 않는다. 단지 시련에 대한 참을성 깊은 수동적 자세만이 보이며, 현재의 상황에 대한 책임 추궁 없이 재기, 재건으로 앞으로 전진할 것만이 촉구되고 있다. 이는 위령에 있어서 니시무라가 말하는 시즈메적 요소에 근원을 두는데, 죽은 자를 숭고한 희생으로 자리매김하여, 죽은 자와 단절, 분리하고자 하는 입장이다. 다음 절에서는 이러한 시즈메적 요소가 나가사키에서 어떠한 모습으로 나타나는지 고찰하기로 한다.

長崎の鐘

サトウハチロウ 作詞
古関 裕而 作曲

가요곡 〈나가사키의 종〉14

14 출처 : http://bunbun.boo.jp/okera/nano/nagasaki_kane.htm

4. 어긋난 진혼鎭魂의 로컬리티

1945년 8월 9일 피폭당해 파괴된 우라카미교회는 그 잔해를 보존할 것인가 철거할 것인가를 두고 여론이 분분하였는데, 1958년 철거과정을 밟고, 현재 잔해의 일부가 피폭중심지에 이전되어 남아 있을 뿐이다. 우라카미교회는 역사적 의의가 깊은 유구遺構로 400년 전 토요토미 히데요시 시기로 거슬러 올라간다. 토요토미에 의해 1587년부터 박해받고 뿔뿔이 흩어져 살던 신자들이 1873년 우라카미에 모여, 가장 먼저 착수한 사업의 결과로 우라카미교회는 1895년 착공하여 1925년 완성된 것이다. 이는 동양 유일의 교회로 불리었으며, 성직자의 후계자 양성의 근본이 되기도 하였다. 그러나, 교회는 피폭중심지로부터 500미터 떨어진 위치에 존재하여, 원폭 투하 당시 8월 15일 성모피승천 축일을 앞두고 많은 신도들이 교회에 와 있었는데, 이들 신도 전원은 사망하였고, 교회는 서쪽 현관 벽면 일부와 남쪽 입구 측 벽면의 일부가 남겨지고 나머지는 전부 폐허가 되었다. 이러한 상황 속에서, 나가이는 8월 12일 피폭된 몸으로 자녀들을 피신시켜둔 미츠야마쵸三山町로 이동, 구호활동을 펼치고, 패전으로부터 2개월이 지난 10월 15일 우라카미로 돌아오는데, 우라카미교회의 남은 잔해에 대하여 나가이는 다음과 같이 피로한다.

이런 것을 볼 때마다 우리들의 마음은 시큰거릴 뿐만 아니라, 지금부터 태어날 아이들에게 우리들 세대에서 잘못하여 일으킨 전쟁으로 신의 집마

피폭 중심지로 이전된 교회 잔해

재건된 우라카미교회

저 태운 죄의 흔적을 보이고 싶지 않다. 오히려 평화롭고 아름다운 교회를 세워, 여기를 꽃이 피는 언덕으로 아이들의 마음을 느긋하게 하늘로 향하게끔 하고 싶다.[15]

교회 잔해의 보존과 철거 사이에 여론이 나누어지던 당시에, 나가이는 교회의 잔해를 남기기를 꺼려하는 입장으로, 새로운 교회를 세워 아이들에게 전쟁의 흔적을 보이고 싶지 않다는 입장을 밝힌다. 이의 연장선상에서 나가이는 1948년 벚꽃 나무 1,000그루를 교회와 초등학교 등 우라카미의 여러 곳에 기증한다. 이런 나가이의 의견대로 1946년 목조 가假 교회가 세워지게 되며, 1958년 3월에 교회는 완전히 철거되고 만다.[16]

15 片岡弥吉, 『永井隆の生涯』, サンパウロ, 2007, 199쪽.

교회 철거는 원폭투하 책임을 은폐하기에 유용하다. 왜냐하면, 이 잔해는 세계유산으로 등록되어 있는 히로시마 원폭 돔과 같이 원폭의 참상을 확연히 보여줄 수 있는 상징물이었으며, 또 교회의 파괴라는 점에서 세계의 기독교 신자들에게 높은 관심을 모을 수 있어, 이 자체로도 충분히 원폭투하의 책임을 물을 수 있는 중요한 표상물이 될 수 있었기 때문이다.[17] 그리고 원폭투하 책임을 추궁해야함과 동시에 두말 할 나위 없이 태평양전쟁 책임 역시 추궁하여야 한다. 왜냐하면, 원폭투하가 비록 인류 최대의 참상으로 비인도적인 행위임에는 부정할 여지가 없으나, 원폭투하는 태평양전쟁 때문에 일어났기 때문이다. 교회의 철거는 이중책임에 면죄부를 부여하는 결과가 된다. 교회 철거의 부당성이 여러 측면에서 제기됨에도 불구하고, 교회는 철거되었다.

교회 철거에는 국제관광도시로 소득을 올리려는, 1949년 제정된 나가사키시 국제문화도시건설법의 직접적인 영향을 간과할 수 없으며, 핵투하국이며 동서냉전시대에 핵 정책의 주도권을 잡으려 하였던 미국의 입김 또한 간과할 수 없다. 그리고 나가이가 말하는 신의 섭리, 즉 우라카미번제설 또한 영향을 끼쳤을 것이라고 생각되고 있다. 그런데, 교회 철거에 영향을 미쳤으리라고 생각되는 이 세 가지 요인은 나가이 관련 대중문화로 응집하여, 영향력을 발휘할 수 있었다고 생각된다. 그것은 앞서 언급하였듯이, GHQ의 지원 하에 나가이의 문학작품만이 유독 순조롭게 출판, 배포되었고, 국제문화도시건설법 관련

---

16 永井誠一, 『永井隆 長崎の原爆に直撃された放射線専門医師』, サンパウロ, 2007, 263~264쪽.

17 高實康稔, 「長崎の戦争·原爆記念物批判」, 『東アジアに対する日本の戦争の記憶』, 東北アジア歴史財団および立命館大学コリア研究センター, 2009, 79~83쪽.

해서 나가이는 그 추진의 상징적 존재였기 때문이다. 우선 1949년 중의원 본회에서 나가사키국제문화도시건설법 제안 취지 설명에 다음과 같은 나가이 관련 발언이 이루어진다.

> (1) 우리들은 원폭을 계기로 신이 주신 세계평화 확립의 메시지에 눈떠, 인류문화에 기여하는 충분한 시설을 갖추어 성도 나가사키를 건설할 자격이 있다. (…중략…) (4) 게다가 나가이 박사를 생각한다면, 이 법률은 박사의 마음에 응하는 것이고, 전 시민의 기쁨은 이것보다 더할 것이 없다.[18]

원폭을 계기로 신의 세계평화 의지를 확인하고, 나가사키를 성도로 만들고자 하는데, 이는 더욱이 나가이의 마음에 부합한다는 것이다. 취지문 속에 나타난 나가이의 '신의 섭리설'이다. 다음으로 『나가사키신문』에 나타나는 나가이에 대한 기사의 상당수가 문학, 영화, 연극, 음악 등의 문화와 관련지어 나타난다. 대표적인 것으로, 1937년 아쿠다카와상芥川賞 수상자가 나가이의 문학작품에 대한 감상을 편지로 전하였음(1948.12.24)과 『나가사키의 종』이 연극과 영화로 제작됨(1949.5.8, 1950.7.29)과 나가이의 공장가公葬歌가 일본 최초의 국제적 명성을 지닌 음악가에 의해 작곡됨(1951.5.8)을 들 수 있다.

> '좋은 시민'을 염원 / 문화 창조로 인간 나가이의 꿈[19]

18 長崎市議会事務局, 『議会月報』 5, 長崎市, 1949.
19 『長崎新聞』, 1950.1.5.

나가이는 드디어 평소의 박사라는 호칭을 버리고, 인간 나가이로 평준화되면서, 나가이를 뒤따라 일반 시민도 해당 법규에 부합되는 선량한 인간이 되길 잠재적으로 호소하는 기사 거리로서 등장한다. GHQ의 지원에 의해 나가이의 작품이 직접 배포되거나, 국제문화도시건설법 추진을 위하여 나가이의 이미지가 상징적으로 소비되었는데, 무엇보다 나가이 자신이 여기에 깊은 관심을 표명하고, 그 발전을 기원하였다. 그 실천적 활동으로는 이름 모를 동인지나 기관지까지 청해지면 청해지는 대로 무보수로 원고와 그림을 써주었고, 국제문화진흥을 위하여 저서 『꽃피는 언덕花咲く丘』(1949) 인세와 판권을 나가사키시에 기증하였다.[20] 국제문화도시건설을 지향하고, 타의 모범이 된 나가이의 생각들이 나가이 관련 대중문화 형성에 영향을 끼치지 않았다 생각하지 않을 수 없을 것이다. 그리고, 이러한 나가이 관련 대중문화는 나가사키의 원폭관련 문화지형을 바꾸었으리라고 추측된다. 그 대표적인 사례로 생각되는 것이 1958년의 교회 철거이다.

> 천주당의 폐허는 전후 13년간, 우라카미 언덕에 남아 있었다. 곁에서 아이들이 천진난만하게 놀고, 신도들은 인접한 가 성당에서 예배를 하고, 관혼상제를 치루었다. 상흔이 여실한 천주당 모습은 마음이 아프기는 했지만, 결코 꺼림칙하지는 않았다.[21]

철거 당시 폐허로 남아있던 교회는 단지 흉물로서만 존재하고 있었

20 片岡弥吉, 앞의 책, 2007, 216~217쪽.

21 週刊朝日編集部, 『週刊朝日』 87, 朝日新聞社, 2009.

던 것이 아니다. 아이들의 놀이터로 기능하였으며, 기독교 신자들에게는 기도의 장으로 수용되어 관혼상제가 치러지고 있었다. 그럼에도 불구하고, 철거되고 마는 것은 피폭사망자를 현재의 산 자와 분리시키고자 하는 입장, 즉 파괴된 교회가 행위수행적 기억의 표상물로 작동하는 것을 차단하고, 전쟁과 핵투하·피폭을 사실확인적 기억으로 묻고 지나고 싶었던 교회 철거 주체들의 생각의 발로가 아닐까 생각된다. 이러한 생각들은 사실확인적 기억에 머물게끔 철거 후 새로운 건물을 지어내는 행위로 연결된다 할 것이다. 교회의 생생한 피폭의 잔해는 피폭사망자를 연상시키게 하며, 이는 피폭사망자들의 무념과 유지를 떠올리는 것과 연동된다. 행위수행적 기억으로의 차단은 앞서 나가이 관련 대중문화에서 살핀 대로이다. 수필, 시, 그림, 가요에서 피폭사망자를 '신의 섭리'로써 고귀한 희생으로 치환시키며, 그들의 죽음을 아름답게 묘사하여, 하나님 곁에서 안식을 취하길 염원하였다(또는 그렇게 생각하기로 하였다). 이렇게 죽은 자의 자리매김 과정이 진행됨으로써, 죽은 자는 어떠한 무념이나 유지가 있을 리 없기에 피폭사망자의 죽음에 대한 원인 찾기나 죽음에 대한 배상·보상의 책임을 털어버리고, 산 자는 죽은 자·과거와 결별, 분리할 수 있게 된다. 이하에서는 나가이 관련 대중문화와 나가사키의 원폭관련 문화지형과의 상관성을 살펴보기 위하여, 나가사키에서 어떠한 원폭관련 행위들이 이루어지고 있는지 사례를 좀 더 살펴보자.

원폭기념물 중에서 빠질 수 없는 것이 나가사키평화공원의 평화기념상이다. 나가사키평화공원은 1951년부터 피폭 중심지를 중심으로 정비되기 시작하여, 현재 연간 방문객수가 30만 명을 넘는다. 이곳에

나가사키평화공원 내 평화기념상

1955년 평화기념상이 설치되는데, 제작자는 패전 전인 식민제국주의 시대에 많은 군신상을 제작, 군국주의를 고취시킨 나가사키현 출신 키타무라 세보北村西望이다. 이 기념상은 피폭의 참상을 전혀 느낄 수 없는 표상물로, 신의 사랑과 부처의 자비를 상징하는데, 가볍게 감은 눈은 원폭희생자의 명복을 기원하여, 기도하는 나가사키에 걸맞게 제작되었다 할 수 있다.

나가사키원폭기념관은 1955년 나가사키국제문화회관이라는 명칭으로 개설되어, 1996년 현재의 명칭과 모습으로 다시 지어졌다. 이곳은 A '1945년 8월 9일', B '원폭에 의한 피해의 실상', C '핵무기가 없는 세계를 향하여', D '비디오 룸'이라는 네 개의 코너가 마련되어 있다. 이 중 C코너에 '중일전쟁과 태평양전쟁'이 포함되어, 아시아 근대사연표와 함께 중요하다고 생각되어지는 사건에 대한 사진들이 곁들여져 있

나가사키원폭자료관에 전시된 남경대학살 사진

는데, 문제는 1937년 12월에 '남경대학살'이라는 표기와 함께 전시된 다음의 사진이다.

사진은 사진 맨 좌측과 맨 우측의 두 일본군의 완장으로 겨우 일본군이 개입하고 있다는 사실을 파악할 수 있을 뿐, 알 수 없는 대중이 밀집하여, 남경대학살의 참상은커녕, 이것이 서로 몸싸움을 벌이는 장면인지, 대중이 난동을 부리는 장면인지, 과연 어떠한 장면인지조차 파악할 수 없다.

다음으로 나가사키평화공원 입구 쪽에서 2011년 10월 발견된 방공호이다. 당시 나가사키시가 공원 입구에 에스컬레이터를 설치하던 과정에서 발견된 것인데, 이것은 평화공원의 입구이며, 피폭중심지로부터 불과 100미터 떨어진 곳으로 많은 유동인구가 이곳을 생생히 접할 수 있다. 즉, 전쟁체험과 평화교육이라는 면에 있어 매우 중요한 유구

나가사키평화공원 입구에
진행 중인 엘리베이터 공사

이다. 그러나 나가사키시는 시민단체의 항의와 저항에도 불구하고, 같은 해 12월 방공호를 메워버리고, 에스컬레이터 공사를 추진, 진행시키고 있다.

'기도하는 나가사키'가 가지는 참을성 깊은 이미지는 나가사키 피폭생존자의 침묵과 관계를 가지는데, 이들이 얼마만큼 침묵하였는가는 원폭문학이나 원폭자료, 체험기의 출간 시기나 양을 히로시마와 비교하였을 때, 명확해진다. 히로시마가 1946년 3월부터 GHQ의 프레스코드를 피해 쿠리하라 사다코栗原貞子의 작품 「꼭 낳겠다生ましめん哉」가 발표되는 모습과 대조적으로, 나가사키에서는 피폭이라는 현상이 나가이로 대표되는 사회적 환경 하에,[22] 나가이의 작품이 발표되는 정도로 1956년 후쿠다 스마코福田須摩子의 『혼잣말ひとりごと』이 피폭 10년 후, 비로소 그 동안의 정신적, 육체적 고통과 사회의 모순을 처음으로 그려내었다. 또, 양적으로는 1970년경까지 히로시마에서 생산된 원폭관련 자료와 체험기가 13,000점이나 되었으나, 나가사키는 원폭관련 체험기나 작품을 게재한 주요 단행본과 문집류가 약 200점에 불과하였는데, 1970년 여름에 이르러서야 겨우 20점에 달하는 많은 기록작품이 왕성히 발행되었다. 이러한 배경에는 1968년 후생성의, 일반인과 피폭자가 건강, 생활면에서 크게 다름없는 생활을 하고 있다는 조사결과에 대한 반발로 나가사키 피폭자와 시민들이 자체적으로 실태조사에 들어갔기 때문이다. 즉, 피폭 후 20년이 지난 1968년경까지 일본국내에서 피폭당한 곳은 히로시마뿐이라는 분위기가 흐르고 있어, 나가사키는 원폭으로부터 '잊혀진 도시'가 되었다.[23]

마지막으로, 원폭관련 사례로 피폭의 원인으로 돌아가 보자. 나가사키가 피폭된 가장 큰 이유는 잘 알려진대로 미츠비시중공업三菱重工業의 존재였다. 그러나 현재 나가사키가 피폭도시이기에 반핵평화를 외치는 데 그 정당성을 더욱 인지하고, 공감을 느끼는 데 반하여, 그 이면에서는 나가사키가 미츠비시중공업을 근간으로 일본 유수의 병

22 나가이의 '신의 섭리'설이 성립된다면, 즉, 원폭희생자를 순결한 양으로 보게 된다면, 원폭투하를 국제법을 위반한 전쟁범죄로 볼 수 없게 되고, 결과적으로 피폭사망자와 생존피폭자에 대한 배상이나 보상은 요구할 수 없게 된다. 신의 섭리설이 피폭관련자들을 침묵하게 만드는 데 영향을 끼치지 아니하였다 못할 것이다.

23 フランク·W·チンノック, 小山内宏 訳, 『ナガサキ－忘れられた原爆』, 新人物往来社, 1971. 新木武志, 「長崎における原爆の表象と「浦上」の記憶」, 『歴史評論』, 校倉書房, 2003, 72쪽에서 재인용.

나가사키 미츠비시중공업 나가사키조선소

기생산도시로 다시 부활하고 있다는 점은 잘 알려져 있지 않다. 나가사키는 미츠비시 기업도시로, 미츠비시를 정점으로 하여 중소영세기업이 하청업을 맡는 경제형태를 이루고 있다. 평화를 외치면서, 먹고 살아가기 위하여 병기생산산업에 종사하고 있는 것이다.[24] 이러한 아이러니한 현상이 현재 나가사키에서 일어나고 있다.

위에서 나가사키평화공원의 평화기념상, 나가사키원폭기념관의 남경대학살 사진, 나가사키평화공원 입구의 방공호, 원폭문학이나 원폭자료, 체험기, 미츠비시중공업의 존속을 살폈다. 이들은 나가이 관

24 舟越耿一, 「被爆地長崎の問題性 – 被爆地長崎ともう一つの長崎」, 高橋眞司 · 舟越耿一 編, 『ナガサキから平和学する』, 法律文化社, 2009, 18쪽.

련 대중문화와 어떠한 관계에 놓여있을까. 나가사키평화공원의 평화기념상 제작자는 키다무라인데, 생산자와 생산물은 긴밀한 관계에 놓여있다. 패전 전의 군국주의자가 평화기념상을 만들었음에 얼마나 진정성을 가진다 할 수 있을까. 나가사키는 매년 8월 9일이 되면, 평화기념상 앞에서 원폭투하를 상기하면서 평화선언을 행한다. 원폭투하를 행위수행적 기억으로 기억하고자 함인데, 키타무라의 평화기념상 앞이라면, 그 기억의 진정성은 훼손될 수밖에 없다. 평화기념상의 형상 역시 관광도시 나가사키로의 입지 구축을 자랑하듯이 거대함만을 자랑하고,[25] 피폭사망자의 유지를 받들겠다는 의지의 결연함은 보이지 않는다. 나가이 관련 대중문화에서 살핀 대로, 피폭사망자의 덧없음, 무념, 유지에 대한 인식의 결여와 같은 맥락이라 할 수 있다.

나가사키원폭기념관의 남경대학살 사진은 일본의 전쟁 책임을 회피하는 한 장면이다. 전쟁 책임의 회피는 평화를 향한 행위수행적 기억의 생산과 부조화를 이룬다. 전쟁 책임, 원폭투하 책임의 규명은 행위수행적 기억의 시발점이다. 이것이 제대로 이루어지지 않고서는 단적으로 외국인피폭자에 대한 보상, 배상이 적절히 수행될 수 없다. 나가사키평화공원 입구의 방공호는 행위수행적 기억은커녕, 파괴로 인하여 사실적 기억마저도 은폐하고자 한다 할 수 있다. 우라카미교회 철거를 비롯해 피폭 유구가 점점 소실되어 가는 상황이나 발견된 방

25 평화기념상은 전체 높이가 13.6미터로 상의 높이는 9.7미터, 좌대 높이는 3.9미터이며, 무게는 약 30톤이다. 4년에 걸쳐 완성된 기념상의 제작비는 총 5,000만 엔으로 석상이 3,000만 엔이며, 좌대가 2,000만 엔인데, 석상은 국내외 모금으로 지원이 되고, 좌대는 나가사키시가 지원을 한다. 피폭 문학자인 후쿠다 스마코는 1955년 8월 『아사히신문朝日新聞』에 '한때ひととき'라는 난에 '혼잣말'이라는 제명으로 막대한 자본이 투여된, 거대한 기념상 제작에만 관심을 두고, 피폭자들에 대한 구제책이 마련되지 않음을 성토한 바 있다.

공호의 입지 조건으로 보았을 때, 중요한 역사 자료가 될 수 있으나, 이것마저도 허락되지 않은 것이다. 나가이는 1937년 8월 6일 일본을 떠나 중국대륙으로 군의관으로 종군, 1940년 2월 17일 귀환하는데, 종군지는 산동성을 비롯하여 화북, 화남, 광동, 광서로, 72회의 전투를 겪었다. 그러나, 나가이 관련 대중문화 어디에서도 남경대학살(1937.12~1938.1) 관련 글은 보이지 않는다. 1937년 8월부터 1940년 2월까지 2년 6개월 동안 산동성을 비롯한 다수의 지역을 전전하였던 나가이가 이 기간 동안 일어난 남경대학살에 대해서 몰랐을 리 없다. 이러한 현상을 어떻게 이해하면 좋을까. 나가사키에서 일부라고 추측은 되지만, 나가이 박사가 남경대학살에 대해서 언급한 적이 없었기에 남경대학살은 일어나지 않았다고 믿는 사람들이 있다. 나가이 관련 대중문화 속에서의 남경대학살 사건이나 전쟁 책임, 원폭투하 책임 은폐는 나가사키원폭기념관의 남경대학살 사진의 정체불명성과 나가사키평화공원 입구 방공호의 파괴와 유사성을 지닌다.

원폭문학이나 원폭자료, 체험기는 1960년대 후반을 기준으로, 히로시마와 비교하여 양적으로 열등한데, 이것은 나가이 관련 대중문화와 관련하여 어떻게 해석할 수 있는가. 원폭문학이나 원폭자료, 체험기는 원폭의 참상이 주류를 이룬다. 그러나 참을성 깊은 성격을 지니는 나가이 관련 대중문화가 주류를 이루는 가운데, 원폭의 참상에 대한 기록은 자제될 수밖에 없었을 것이다.[26] 이러한 현상에 대해 시인 야

26 피폭 후 1950년까지를 비교대상으로 하였을 때, 나가사키가 나가이의 문학작품만이 몇 권 발표됨에 반하여, 히로시마에서는 GHQ의 프레스코드를 잘 헤쳐나가 피폭 반 년 후부터 작품성 높은 많은 작품들이 발표되었다. 田中丸勝彦, 『さまよえる英霊たち－国のみたま, 家のほとけ』, 柏書房, 2002, 77쪽.

마다 칸山田かん(1930~2003)이 1972년 최초로 비판을 가한다. 피폭 후, 여러 해 동안 많은 사람들이 죽어가는 상황 속에서 나가이만이 피폭의 상징으로 등극, 숭앙되면서, 피폭자의 대변인인 마냥 그에게로만 초점이 모여졌다는 것이다.

마지막으로, 미츠비시중공업의 존속은 나가사키의 행위수행적 기억의 결핍을 여실히 보여주는 사례이다. 미래를 향한 진정한 평화활동을 수행하고 있다면, 가장 먼저 해결되어야 할 과제가 미츠비시중공업의 해체이다. 나가사키 시민의 생업에 관련된 사안이기에 단지 나가이 관련 대중문화에서 그 본질적인 문제점을 찾기에는 어려움을 느끼지만, 나가이 관련 대중문화가 미츠비시중공업을 존치시키는 사회적 분위기에 일조하지 않았는가 하는 것은 고려해 보아야 할 사안이다. 그것은 나가이 관련 대중문화가 전쟁 책임 규명에는 소홀하고, 단지 서둘러서 앞으로 나아가는, 또는 서둘러서 제자리를 찾아가고자 하는 모습을 담고 있기 때문이다. 나가이는 피폭 후 2개월이 지난 10월 15일 피폭지 우라카미로 돌아오는데, 당시 풍설로 70년간은 사람이 살 수 없다는 이야기가 나돌아, 우라카미로 돌아가는 것을 사람들은 겁내었다. 그러나 그는 우카카미로 돌아와, 3주가 지나 개미 등을 발견하고 인간도 살 수 있다고 확신한다. 『나가사키의 종』에서는 피폭 후 6개월 지났을 때의 생활이 기술되어 있는데, 현지 주민들의 건강상태를 염려해 체크하면서도, 이들을 마치 라듐온천지에 사는 주민들과 같다고 묘사하며, 자신이 상당히 낙관적임을 인정하면서, 만나는 사람마다 돌아와 집을 짓고 살기를 권한다. 우라카미 나아가 나가사키가 하루 빨리 재건되어야 한다는 사회적 분위기 속에서 감히 미

츠비시중공업의 해체를 외칠 수 없었을 것이다.[27]

나가사키의 원폭관련 문화지형들을 간단히 정리하면, 니시무라가 말하는 위령의 기능 중 시즈메와 관련된다. 나가사키평화공원의 평화기념상, 나가사키원폭기념관의 남경대학살 사진, 나가사키평화공원 입구의 방공호, 원폭문학이나 원폭자료, 체험기, 미츠비시중공업의 존속, 이것들은 나가사키가 어떠한 평화를 구가하는가를 보여주는 대표적 사례들인데, 이들은 보여주기, 즉 관광(평화기념상)과 관련이 있거나, 불명확성(남경대학살 사진), 삭제 / 은폐(방공호, 원폭기록), 모순 / 무기력(미츠비시중공업)을 함의하고 있다. 피폭사망자와 공명하여 그들의 무념과 유지를 이어나가는 것이 아니라, 그럴듯한 그 무엇인가로 대체, 은폐, 삭제하여, 죽은 자 / 과거와 분리, 단절을 꾀한다. 이러한 자세를 시즈메라고 하는데, 이러한 모습은 나가이 관련 대중문화에서 엿볼 수 있었다. 가장 큰 공통점은 전쟁 책임, 원폭투하의 책임 소재를 명확히 하지 않는다는 점이다. 이러한 행위로는 정치사 또는 견사한 피폭사망자의 영혼은 제대로 진혼될 수 없으며, 산 자 역시 죽은 자와 적절한 거리를 둘 수 없다(제대로 망각할 수 없다). 나가사키는 진정한 평화를 위하여, 행위수행적 기억을 바탕으로 후루이라는 위령행위를 수반하여, 지금의 한계를 극복해야 할 것이다.

27 미츠비시중공업은 GHQ 시절 1950년에 3개의 회사로 개칭하여 분할되었다가, 1952년 다시 미츠비시라는 이름을 하나씩 되찾고, 1964년 다시 분할된 3개의 회사가 지금의 미츠비시중공업으로 하나의 회사로 합병된다.

5. 위령의 좌초와 가능성

이 글은 나가이의 원폭관을 고찰하고, 대중문화에 어떻게 투사되었는지 살피었다. 그리고, 나아가, 대중문화가 나가사키에서 일어나는 원폭관련 사례들과 어떠한 접점을 맺는지 명확히 하였다. 그 결과, 나가이 관련 대중문화가 지금도 재생산되면서, 위령에 있어서 시즈메 역할이 지속적으로 행해지고 있었다. 즉, 나가사키에서는 죽은 자의 무념이나 유지를 계승하는 행위수행적 기억에 바탕한 후루이フルイ/奮い라는 개념의 위령보다는 시즈메シズメ/鎮め, 즉 죽은 자를 위로하고, 그 영혼을 달래어, 진혼鎮魂시키는 위령이, 다시 말해 죽은 자의 영혼의 발현과 죽은 자와 산 자의 영혼의 공감을 억압, 삭제하는 것이 주류임을 알 수 있었다. 나가사키, 나아가 일본/미국이 전쟁 책임이나 피폭 2, 3세의 구제책을 명확히 하지 않는 상태에서, 나가사키가 나가사키의 피폭사망자를 산 자/현재로부터 분리, 단절시키는 것은, 과거를 올바르게 기억함으로써 드디어 과거를 잊어버려도 되는(또는 잊을 수 있는), 즉 망각에 이르게 됨을 거스르는 행위이고, 이는 평화도시로서의 나가사키의 한계이다.

최근 나가사키는 외국인 피폭자 인권보호로 히로시마보다 높이 평가되고 있다. 이 글은 금후의 관심사로, 행위수행적 기억으로 죽은 자의 무념, 유지를 계승하여, 나가사키에서 평화운동을 펼치는 사례를 발굴하여, 나가사키의 평화운동에 일조할 수 있도록 하겠다. 이는 죽은 자와 산 자의 영혼이 공명하여, 산 자가 죽은 자의 무념, 유지를 계승하는 위령 행위의 발굴로서 위령의 새로운 가능성을 탐색하는 과정이 될 것이다.

참고문헌

박수경,「기도하는 원폭도시 나가사키 로컬리티의 다의성 생성 고찰」,『일본어문학』 54, 일본어문학회, 2011.

박수경,「대중매체에 나타난 로컬 이미지 정치－나가이 타카시를 통한 나가사키 바라보기를 중심으로」,『일어일문학』 57, 대한일어일문학회, 2013.

新木武志,「長崎における原爆の表象と「浦上」の記憶」,『歴史評論』, 校倉書房, 2003.

________,「利用 / 乱用される被爆の記憶」, 原爆文学研究会 編,『原爆文学研究』3, 花書院, 2004.

品川登,「何故に撤去されたか?－旧浦上天主堂の被爆遺構」,『長崎人』19, 長崎の証言の会, 1998.

高實康稔,「長崎の戦争·原爆記念物批判」,『東アジアに対する日本の戦争の記憶』, 東北アジア歴史財団および立命館大学コリア研究センター, 2009.

高橋眞司,「『祈りの長崎』批判－'劣等被爆都市'から'平和の祈り'へ」,『世界』9月号, 岩波書店, 2001.

田中俊広,「長崎の原爆文学－思想的深化への時間」, 高橋眞司·舟越耿一 編,『ナガサキから平和学する』, 法律文化社, 2009.

舟越耿一,「被爆地長崎の問題性－被爆地長崎ともう一つの長崎」, 高橋眞司·舟越耿一 編,『ナガサキから平和学する』, 法律文化社, 2009.

高橋眞司,『長崎にあって哲学する－核時代の死と生』, 北樹出版, 1994.

永井隆,『長崎の鐘』, サンパウロ, 2007.

永井誠一,『永井隆 長崎の原爆に直撃された放射線専門医師』, サンパウロ, 2007.

長崎市議会事務局,『議会月報』5, 長崎市, 1949.

西村明,『戦後日本と戦争死者慰霊－シズメとフルイのダイナミズム』, 有志舎, 2006.

羽賀祥二,『明治維新と宗教』, 筑摩書房, 1994.

田中丸勝彦,『さまよえる英霊たち－国のみたま, 家のほとけ』, 柏書房, 2002.

週刊朝日編集部,『週刊朝日』87, 朝日新聞社, 2009.

片岡弥吉,『永井隆の生涯』, サンパウロ, 2007.
フランク·W·チンノック, 小山内宏 譯,『ナガサキ―忘れられた原爆』, 新人物往来社, 1971.

http://ikumin.net/02/omiyage00.html
http://item.rakuten.co.jp/h-momo/10004274/
http://4travel.jp/domestic/area/kyushu/nagasaki/sasebo/huistenbosch/travelogue/10532153/
http://bunbun.boo.jp/okera/nano/nagasaki_kane.htm
http://tabinaga.jp/walk/022.php

798 예술구를 통한 베이징 다시 만들기*

박정희

1. 도시재생-공장단지에서 예술구로

중국 베이징 차오양구朝陽區 동북쪽에 위치한 따산즈 798 예술지구는 원래 베이징시 제1차 5개년 계획 시기 건설된 '국영베이징화북무선전기재연합창國營北京華北無線電器材聯合厂'이라는 군수공장 지역이었다. 여기의 공장들은 1950년대 구소련이 원조하고 동독이 설계를 맡아 바우하우스 양식으로 건설되었는데 중화인민공화국의 군수부품과 무선통신부품기업의 요람으로 무선통신설비, 탱크 등을 제조했

* 이 글은 「공간재생과 주체갈등」(『중국인문과학』 51, 중국인문학회, 2012.8)을 수정・보완한 것이다.

798 예술구 입구 표지

바우하우스 양식

다. 1980년대 말부터 이곳은 쇠락하기 시작했고 대부분의 공장은 유휴 상태에 들어갔다. 2000년 전후로 이 지역의 토지는 민간에 임대되기 시작했다. 2002년, 토지의 사용권자이자 798공장의 주인인 베이징칠성화전과기집단北京七星華電科技集團(이하 치싱그룹으로 간칭)이 공장 빈 건물의 활용도를 높이기 위해 일부 건물을 예술가들에게 저렴한 가격에 임대하면서 예술가들이 몰리기 시작하여 798 예술구가 형성되었다.

798 예술구의 형성에는 중앙미술대학中央美術學院의 이사가 또 하나의 중요한 역할을 했다. 1995년 중앙미술대학은 시내중심가인 동청구샤오웨이東城區校尉 후통 5호에서 798공장 인근의 왕징望京으로 이사했다. 그러나 새로운 학교 건물이 건설되기 전 학교부지인 왕징 화자디花家地에서 멀지 않은 따산즈大山子 지역의 베이징전자원건이창北京電子元件二厂을 6년 동안 임시 학교 건물로 사용해야 했다. 이 공장이 마주하고 있는 곳이 바로 718연합공장이었다. 1995년 중앙미술대학 조소과는 정부로부터 '노구교 항일전쟁 기념군상' 제작을 의뢰받았다. 이 조각상이 거대해서 넓은 작업공간이 필요해지자 유휴 상태에 있던 798공장을 빌리게 되었다. 1995년부터 1998년까지 중앙미술대학 조소과는 798공장과 706공장을 작업실로 사용했다. 2000년 중앙미술학원 조소과의 수이젠궈隋建國 교수와 위판于凡이 공동으로 개인작업실을 빌린 것이 798예술가 창작실의 시초가 되었다. 그 후 수이젠궈의 소개로 2002년 로버트 버넬Robert Bernell이 입주하여 서점, 카페, 화랑, 문화강좌의 복합문화공간인 빠이스취八藝時區(Timezone 8)[1]를 운

1 798과 관련된 책은 대부분 이곳에서 출판되었다.

동경화랑

시태공간

영했다. 2002년에는 798 예술구의 형성에 중요한 역할을 하게 되는 황루이黃銳와 쉬용徐勇이 입주했다. 그리고 오랫동안 일본에서 활동한 황루이의 소개로 일본의 베이징동경예술공정北京東京藝術工程(BTAP)이 2004년 입주했는데, 이는 798에서 개업한 최초의 갤러리였다. 쉬용은 후통관광회사를 창업했던 경험을 바탕으로 798이 아직 개발되지 않은 중요한 인문자원이라는 것을 감지하고는 798에서 빌릴 수 있는 모든 공간을 임대했다. 그중 1,200평을 개조하여 2003년 4월 시태공간時態空間이라는 문화공간을 열면서 전시활동을 시작했다. 798 예술구는 이렇게 시작되었다.

치싱그룹이 예술가들에게 세를 준 이유는 718연합공장을 개조하기 전 잠시 이득을 보기 위해서였다. 이 구역은 2006년 철거하여 IT산업기지의 일부로 사용하도록 이미 계획되어 있었다. 그래서 모든 임차인은 2005년 연말에 이곳을 떠나는 것으로 치싱그룹과 계약을 맺었다. 만약 권력과 자본이 공간 변화를 일방적으로 주도했다면 그곳에는 제

798 예술구 표지판

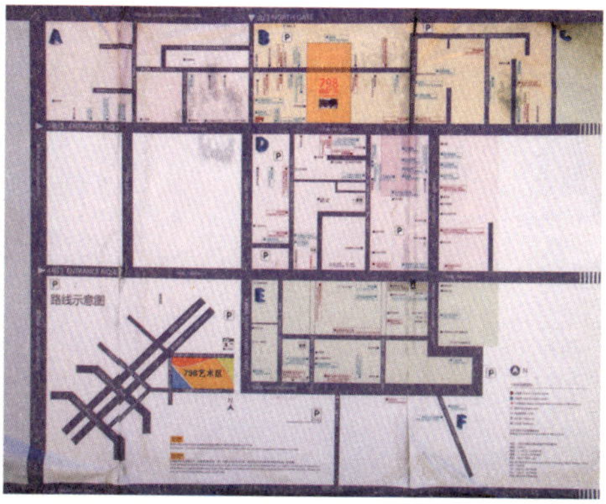

798 예술구 지도

2의 중관촌 소프트웨어파크가 들어서야 했다. 그러나 중국 당대예술, 건축, 문화산업과 역사 및 도시생활 환경의 유기적인 만남으로 인해 설립된 798 예술구는 중국 당대문화와 생활의 새로운 상징으로 자리 잡았다. 외국의 많은 유명인사들이 이곳을 방문함으로써 798 예술구는 세계가 주목하는 중국예술의 아이콘으로 변모했다. 이 글은 798 예술구 공간 변화의 주체와 변화의 방식에 관한 질문에서 출발한다.

공간은 공공생활이 전개되는 기반이자 각종 권력들이 비로소 작용하는 지점이다. 특히 798 예술구처럼 급격한 변화와 독특한 성격을 지닌 공간들은 다양한 권력들이 교차하면서 그 의미와 성격을 규정해간다. 798 예술구는 공업공간인 공장이 예술공간으로 변모한 곳이다. 그래서 현재 798은 복합적인 공간이다. 오래되고(오래된 공장), 새롭고(새로운 조각), 본토적이고(외국인이 798에 중국문화를 보려고 온다), 국제적이고(중국인이 798에 와서 예술의 국제적 흐름을 본다), 보수적(우수한 건축을 보존)이면서도 창조적(예술실험)이다. 그리고 통제와 해방, 공조·협력의 모순이 다층적으로 중첩된 공간이다.

이 장에서는 고도의 중앙집권 국가체제와 급격하게 팽창하는 시장경제가 맞물리는 전환기라는 배경 아래 예술가들의 공간 실천은 어떻게 진행되었으며 공간 변화에 어느 정도 기여했는지를 알아볼 것이다. 그리고 이 공간 변화에 개입한 각종 권력들이 다양한 방식으로 자신의 이익을 획득해가는 과정을 살펴볼 것이다. 이를 통해, 2002년 이후부터 최근까지 798 예술구가 건립되는 상황에서 작동한 공간실천의 논리는 무엇인지 그리고 그 결과로 인한 오늘의 실상과 미래상은 어떠한지 더듬어 보고자 한다.

2. 798 예술구의 전사前史, 공간 성격의 변화

도시공간의 구조와 배치는 당연히 도시계획의 통제를 받는다. 도시계획은 정부가 도시공간에 간섭하는 중요한 수단이다.[2] 1953년 제정된 「베이징시 개조와 확장 계획 초안改建与擴建北京市規划草案」은 "수도는 반드시 우리나라 정치, 경제와 문화의 중심이어야 하며, 특히 강대한 공업기지와 기술과학의 중심으로 건설되어야 한다"고 강조했다. 이때부터 1950년대 말까지 베이징은 공업건설을 대대적으로 추진하

2 예를 들어 「베이징시 총체 계획 1991~2010北京城市总体规划 1991~2010」은 도시 중심 인구를 외부로 이동시키고 왕징望京 등의 지역을 빠르게 건설하자는 내용을 포함하고 있었는데, 이는 시내 중심인 왕부징王府井 부근에 있던 중앙미술대학의 이주, 현 왕징의 건설 등에 결정적인 영향을 끼쳤다.

여 베이징시의 동북쪽과 동쪽 교외에 새로운 공업단지를 건설하였는데 718연합공장은 이 단지의 일부였다.

1958년 베이징시는 분산 집단식分散集團式 배치 계획을 제기함으로써 20여 개의 독립적인 건설구역을 나누어 발전시키려는 방안을 내세웠지만, 1960~1970년대에 이르러 자연재해와 정치운동의 영향으로 도시발전은 정체되었고 도시계획방안 추진은 쉽지 않았다. 1982년에 「베이징 시건설 총체적 계획방안北京城市建設總体規划方案」이 완성되었다. 이 계획안은 베이징의 도시 성격을 전국의 정치중심과 문화중심이라고 규정했다. 비록 베이징을 더 이상 경제중심으로 언급하지는 않았지만 경제발전에 적응하고 도시 성격의 요구에 부합해야 한다고 강조했다. 그리고 기존 중공업의 기술개조를 진행하고, 공업지구가 시내에 집중적으로 밀집해 있는 상황을 개조해야 한다고 표명했다. 그러나 여러 가지 제약으로 인해 중화학공업이 시구역 내에 집중되어 있는 상황을 개선하기는 쉽지 않았다. 그러다가 1990년대 「베이징시 총체 계획 1991~2010北京城市總体規划 1991~2010」에 이르러서야 비로소 집단발전형을 분산한다는 원칙 즉 "신개발의 중점은 시내의 중심지역에서 주변 지역으로 옮긴다"는 원칙을 명확히 천명하고 실행할 수 있었다. 이것은 단순히 도시 계획만의 문제가 아니었다. 베이징시는 도시계획을 통해 사회주의시기의 집단형 발전 도식에서 벗어나려는 의지를 분명히 보여주었다. 화북무선전기재연합창華北無線電器材聯合厂도 개발의 대상이었다.

중화인민공화국 성립 전 베이징시의 무선전자공업은 생산력 면에서 낙후성을 면치 못했다. 중국 정부는 1953년 동독의 기술 원조로 베

1957년 준공 후의 718단지

이징 동즈먼東直門 교외 왕예펀王爺墳(현재의 따산즈)에 공장을 건설하기 시작해서 1957년 정식 가동했다. 이로써 건설된 공장인 718연합공장은 제1차 5개년 계획 중에 건설된 중국내 일급 산업기지로서 중화인민공화국이 가장 먼저 건설한 군수부품과 무선통신부품공장이었다. 계획경제와 국가 특수전략의 산물이었던 718연합공장은 계획경제가 시장경제로 전환되면서 쇠퇴를 면할 수가 없었다. 개혁개방으로 경제구조가 변화되자 도시의 기능도 변화되었고 오염 유발이 막대한 노동밀집형의 공업단지는 점차 도시 외곽으로 이동하게 되었다. 1980년대 말에 이르러 718연합공장은 이미 반 가동중단 상태에 이르게 되었고 대부분의 노동자는 퇴직해야 했다.

1992년 4월, 지우센챠오酒仙橋 지역의 774공장, 738공장, 797공장, 506공장, 700공장, 706공장, 707공장, 718공장, 798공장, 무선전의기2창无線電儀器二厂, 반도체기건2창半導体器件二厂, 전시배건3창電視配件三厂 등 12개 기업의 공장장이 연맹하여 베이징 시위원회, 시정부에 「지우센챠오 보세, 경제개발구의 건설에 관한 건의 보고서關于建立酒仙橋保稅, 經濟開放區的建議報告」를 보내고 공업기지를 개조 발전시킬

1950년대 751공장에서 바라본 718공장

것을 건의했다. 1993년 1월에 베이징전자판北京市電子辦은 시정부에 「베이징 전자성 건설에 관한 건의關于建立北京電子城的請示」를 제출하면서 지우센챠오의 국유기업을 재활용하여 IT산업기지를 건설할 것을 제기했다. 718연합공장은 바로 이 지역에 속했다. 1993년 6월 베이징 시정부는 「베이징 전자성 방안北京電子城方案」을 통과시키고 지우센챠오 전자공업구의 정식 명칭을 '베이징 전자성北京電子城'으로 확정했다. 718연합공장은 새로운 최첨단 소프트웨어기지의 일부로 재구될 예정이었다.

1990년대 초반, 798공장, 707공장, 706공장 등 구 공업단지의 부활 촉진과 IT산업기지 건립 신청과 도시계획이 맞아떨어지면서 IT산업기지 건설 방안은 정부의 비준을 얻을 수 있었다. 1994년 11월, 베이징시는 베이징 전자유한책임회사를 설립하여 베이징 시정부가 비준한 「베이징 전자성 방안北京電子城方案」에 따라 IT산업기지의 총체적인 계획, 개조와 투자개발 등을 진행했다. 798공장, 797공장, 706공장 등이 모두 계획안 속에 포함되어 있었다. 2000년대 들어 베이징시는 IT산업기지 건설을 중점 발전방향으로 채택했다. 「베이징시 차오양구 토지이용 총체계획 2002~2010년北京市朝陽區土地利用總体規划 2002~2010年」에서 "4환四環과 5환五環[3] 사이에는 2차 산업을 발전시킨다"는 방침을 확고하게 표명했다. 그리고 계획 중인 IT산업기지를 몇 차례나 언급하면서 공업단지를 보호하고 중점적으로 발전시킨다고 언급했다.

3 베이징시는 톈안먼을 중심으로 나무의 나이테처럼 도로망이 형성되어 있다. 제일 안쪽으로 둘러져 있는 도로를 2환二環, 그 다음을 에두르는 도로를 3환三環이라 부른다. 이렇게 외곽으로 나아가면서 차례로 4환四環, 5환五環 도로가 에워싸고 있다. 톈안먼에서 자금성을 따라 한 바퀴 도는 것이 실질적인 1환一環이라 할 수 있다.

718연합공장의 역사를 통해볼 때, 그것의 건립·발전에서부터 1990년대 IT산업기지 계획에 이르기까지 정부의 기획과 의지가 가장 결정적이고 핵심적인 요소였다는 점을 확인할 수 있다. 이 계획에 따르면 이곳에는 응당 IT산업기지를 건설하여 제2의 중관촌 지구를 건설해야 했다.

그러나 시정부의 의지는 경제체제의 변화라는 장애에 부닥치게 되었다. 「중화인민공화국 토지관리법中華人民共和國土地管理法」 제1장 제2조에 의하면, 중화인민공화국은 토지의 사회주의 공유제 즉 전 인민 소유제와 노동군중 집체소유제를 실행한다. 즉 전 인민이 전 토지를 소유하지만, 전 인민의 대표기관은 국가이며 국무원이 국가를 대신하여 토지 소유권을 행사한다. 더구나 제2장 제8조는 도시구역의 토지는 국가가 소유한다고 명시하고 있다. 718공장의 토지 역시 '전 인민의 소유'이지만, 권리 행사자에 대한 규정은 국가가 이 공간을 통제하도록 보증했다.

> 중국 공유제는 결코 토지는 전체 노동인민의 소유라는 의미도 아니며 생산자로 참여한 일부 노동인민의 공유라는 의미도 아니다. 국가와 각급 정부는 인민 각자를 대표하는 생산자로서 토지를 공유한다. 즉 정부 소유제이다. (…중략…) 전 인민 소유제에 대해 말한다면, 실제 국가가 인민을 대표한다는 것은 전 인민 생산자의 소유관계가 무엇을 의미하는지 명확히 보여준다. 이런 의미에서 국가소유제라 한다. 즉 국유기업은 국가소유의 기업이다.[4]

사회주의시기 718연합공장은 국가의 권력이 그대로 실행되는 공간

4 葛守昆·金毅, 『生産關系論』, 南京 : 南京大學出版社, 1998, 110～111쪽.

이었다. 사회주의시기 국가는 단웨이單位를 통해 권력을 실천했다. 이 시기 경제권력은 정치권력의 일부분이었다. 경제적 목표는 정치목표를 실현하는 수단으로 전환되어 이데올로기와 사회주의 제도의 우월성을 실현하고 증명하는 데 소용되었다. 그렇다면, 경제개방 이후의 718연합공장은 어떤 관계 속에 놓이게 되었는가?

앞서 살펴본 대로, 토지사용제도 개혁 이전 중국의 토지는 이론상에서든 실제에서든 개인 재산의 성격을 가질 수 없었다. 그러나 개혁개방 이후 토지의 성격이 변했다. 1990년 선포된 「중화인민공화국화국성진국유토지사용권출량화전량양잠행조례中華人民共和國和國城鎮國有土地使用權出讓和轉讓暫行條例」(1990.5.19. 국무원國務院령 제55호 선포 실행)는 도시 토지사용의 제도를 규정했다. 이 법규는 토지의 소유권과 사용권의 분리는 제도의 허가를 받아야 한다고 표명하고 있다. 그리고 국가는 토지소유자의 신분으로 토지사용권을 팔 수 있으며, 토지사용자는 국가로부터 토지사용권을 살 수 있고 토지사용권을 다시 팔 수 있으며 교환하고 세를 줄 수 있다고 되어 있다. 제45조의 규정에 의해, 토지사용권과 지상의 건축물, 기타 부속물 소유권을 일정한 조건하에 빌려줄 수 있고 세를 줄 수 있고 저당 잡힐 수도 있게 되었다. 1998년 수정된 「중화인민공화국 토지관리법中華人民共和國土地管理法」은 토지도 여타 상품처럼 유통의 영역에 진입하도록 허용함으로써 공간이 상품화되는 것을 제도적으로 보장했다.

이런 의미에서, 중국의 경제전환 과정은 소유권의 귀속을 새롭게 규정하고 산업제도를 변경해간 과정이라고도 할 수 있다. 전환기 이전, 국가는 도시토지의 소유권을 통해 공간을 통치해나갔다. 국가의 토지 장악은 사유화를 제어하는 가장 중요한 장치였으며 공간을 구상하고 질서를 부여하는 주체가 누구인지를 명확히 보여주었다. 여기서 단웨이라는 조직은 국가가 공간을 통치하기 위한 중요한 매개체였다. 그러나 경제체제의 개혁을 거치면서 공간은 상품이 되었고, 국유기업 단위도 공간의 처리결정에서 자율권을 갖게 되었다.

2000년 12월, 베이징전자공고유한책임공사北京電子控股有限責任公司와 중국 화융자산관리공사中國華融資產管理公司, 중국신달자산관리공사中國信達資產管理公司 등이 공동으로 출자하여 설립한 베이징칠성화전과기집단유한책임공사北京七星華電科技集團有限責任公司(치싱그룹)는 원래의 700, 706, 707, 718, 797, 798공장 등의 단웨이를 기반으로 하였다. 치싱그룹七星集團은 2002년 말 다시 재정리하여 '베이징치싱비행전자유한공사北京七星飛行電子有限公司'로 창립된다. 공간의 사용권·판매권을 갖게 된 치싱그룹은 당연히 이익을 최대화하기 위해 노력해야 했고 원래의 계획대로 798공간을 개발상에 맡겨야 했다. 그러나 치싱그룹은 예술가들이 입주한 뒤 원래의 계획을 변경했다.

완전히 자본화된 공간과 달리, 치싱그룹의 798공간은 여전히 정부의 통제를 일정 정도 받았다. 정부는 무형의 손으로 798공간에 대해 일정한 지배력을 행사했는데, 그 주요한 근거는 토지 소유권이었다. 공간의 상품화, 자본화로 인해 798공간은 국가통치의 공간에서 독립적인 공간으로 전환됐고 치싱그룹은 공간 이익조직으로 변모했지만, 그 변화는 단지 상대적인 의미에서 그런 것일 뿐이었다. 정부는 공공권력기구로서 사회의 조화로운 발전을 목표로 삼았으며 이 목적을 위해 공간계획이라는 통제를 실시했다. 경제발전은 궁극의 목적이 아니었다. 물론, 시장자본과 비교할 때 정부의 이런 통제력은 그다지 큰 영향력을 발휘하지 못한다고 할 수 있다. 만약 당시 정부의 통제력이 위력적이었다면, 치싱그룹이 공간에 대해 가진 각종 권리는 더욱 축소되었을 것이다. 오히려 공간에 대한 정부의 권리보다 치싱그룹의 권리가 798공간의 변화에 크게 작용했다. 그러나 공간에 대한 정부의 통제력이 치싱그룹보다 미약함에도 불구하고, 치싱그룹은 정부의 통제에서 자유로울 수 없었으며 정부와 협조·공조의 관계를 유지해야 했다. 시장경제체제를 따르는 치싱그룹의 공간 지배 방식은 정부와 공통된 인식에 이른다는 전제 위에서 출발해야 했다.

그리고 798공간에 영향을 미치는 또 하나의 주체는 예술가들이었다. 물질적·법률적 측면에서 보자면 798공간의 주인은 토지 사용권 등을 가진 치싱그룹이다. 반면 예술가들은 치싱그룹으로부터 세를 내어 임시로 798공간을 사용하는 자들이다. 그러나 공간 재현이라는 측면에서 보면, 예술가들이 더욱 많은 문화자본을 소유했으며 발언권을 갖고 있었다. 798 예술구의 예술가들은 정식 조직은 아니지만 각종 창작활동, 전시활동, 공간보존활동 등을 통해 이 공간에 새로운 의미를 부여했다. 문화 영역에 관한 한 예술가들이 지배적 지위를 가진 셈이었다. 공간의 문화자본과 경제자본이라는 두 가지 자본 형식 속에서 798 예술구의 예술가는 비교적 많은 문화자본을 소유하고 있었다. 물론 치싱그룹이 지닌 자본의 성격과 양은 예술가의 경우와 반대되며 그들은 798공간을 철거하려 했다. 이처럼 798공간에는 각기 다른 역할의 주체들이 존재했다. 그리고 798 예술구 탄생의 배후에는 물질적 공간, 문화적 공간, 그리고 제도적 공간(정부)의 충돌, 공조가 깔려 있었다.

‘98 다시 만들기’ 포스터(2003)

시민에게 다가서려는 중국 당대예술, ‘왼손과 오른손左手与右手’ 전람회장의 모녀

3. 798 예술구 공간 주체 간의 충돌과 공조

1) 798 다시 만들기

사회전환과 시장경제의 급격한 전개·발전을 배경으로, 798 예술구에 새로운 직업군인 자유예술가와 새로운 경제조직인 갤러리가 들어서기 시작했다. 그들이 공간 실천을 통해 798을 어떻게 새로운 공간으로 재구성해 가는지 살펴보자.

IT산업기지냐 예술지구냐, 798단지를 철거하느냐 보존하느냐 하는 문제에 직면해, 798단지에 거주하는 예술가들은 먼저 대립하지 않음을 내세우는 비대항적 성격의 조직을 형성했다. 황루이는 증언했다.

사스에 대항한다는 주제로 열린 '남천불설방藍天不設防' 전시회

"예술가들이 모이게 되면서 보존과 철거의 주장이 충돌했다. 당시 이미 입주한 예술가들은 이곳에서 회의를 소집하여 해결방안을 논의했다. 당시 나는 대립해서는 안 되며 사회의 주목과 동정을 모아야 한다고 말했다. 예술 활동을 하는 방법의 하나로 예술절을 개최하자고 했다. 우리들에게는 다른 선택이 없었다."[5]

'798 다시 만들기再造798'라는 캐치프레이즈로 시작된 일련의 예술 활동 시리즈는 798 예술구의 예술가, 예술기구의 응집력을 강화시켰고 중국 예술계의 주목뿐만 아니라 국제적인 관심을 끌게 되면서 798 예술구를 보존해야 한다는 여론의 기초를 다지는 계기가 되었다.

---

5 馬學東, 「当代藝術的城市嘉年華 – 北京798藝術區大山子國際藝術節 – 黃鋭訪談」, 『大美術』, 2006年 第6期.

'왼손과 오른손左手与右手' 중국과 독일의 공동 전시회

수이젠궈의 '오른손右手'(2003)

의례나 기념일은 특정 공간이나 사건의 의미를 현재적으로 재구성함으로써 참가자들이 기획 주체의 시각을 공유토록 하거나 기존의 시각을 교정하는 데 기여한다. 798 예술구에 있어 중요한 의례는 2004년부터 매년 한 차례씩 개최되는 따산즈 예술절이다. 한 달 가량 계속되는 예술절 기간 동안 평소에는 개방하지 않던 예술가의 창작실이 개방되며, 음악, 무용, 희극, 행위예술 등의 즉흥적인 신체 연기 등이 집중적으로 공연된다.

2003년 '798 다시 만들기'는 세 차례의 활동으로 이루어진 이후의 예술절을 위한 준비공연이었다고 할 수 있다. 이 예술활동은 비교적 일찍 798에 진입한 황루이와 쉬용이 조직한 것으로 '연대와 관계 강화', '확대된 범위의 이해와 지지'를 분명한 목적으로 삼았다.[6] 연이어 쉬용의 시태공간에서 각종 예술전이 벌어졌는데,[7] 이런 전시활동을 통해

6 「再造798綜合藝術活動計划概要」, http://06.art218.com/culture/sample/200604/1059.html

7 2003년 '798 다시 만들기'는 4월 '回音'을 주제로 쉬용의 시태공간에서 열렸다. 당시 798에 있

황루이, 798은 나의 작품이다.

'언어를 뛰어넘어越界語言'(2003)

서 798 예술구의 당대예술은 국내와 국외의 관중을 확보해갔다.

798 예술구의 왕성한 예술활동은 국외의 매체에서 중국 변화의 뚜렷한 증거로 인용되었다. 2003년 미국의 『뉴스위크』는 베이징을 세계 12도시 중의 하나로 선정했는데, 798공간을 베이징의 새로운 변화를 증명하는 중요한 근거로 들었다. 798 예술가들의 노력은 해외의 언론매체를 거쳐 궁극적으로는 정부에 대한 압박으로 이어졌다.

던 모든 예술가들이 참가한 '798 다시 만들기'의 활동은 일주일 넘게 계속되었고 시민들은 당대예술, 설치, 사진 등의 종합예술을 관람했다. 4월 13일 예술가들은 자신의 창작실, 예술기구, 갤러리, 카페를 대외적으로 개방했는데 예술계와 그 밖의 사람들이 이천여 명 관람했다. 이는 기존의 베이징 당대예술활동의 규모를 뛰어넘는 성과였다. 많은 매체들이 이 사실을 대대적으로 보도했고 798공장은 널리 알려지게 되었다. 이어 5월에 쉬용, 황루이 등이 SARS에 대항한다는 주제로 '藍天不設防' 예술전을 798의 시태공간에서 전시한다. 9월에는 '左手与右手'라는 주제로 중국과 독일의 예술전이 역시 시태공간에서 열렸다. 이는 중국 최초의 민간 주최 국제당대예술전이었다. 5월에 열린 '藍天不設防'은 60명의 예술가가 참여한 대형 전시회였다. 이 전시회는 SARS가 베이징에 만연할 때 베이징인이 세상과 관계가 단절된 상태에서 어떤 심리적 부담을 안고 생활하고 있는지를 보여주었다. 예술가들은 예술행위를 통해 도시에 만연한 공포에 도전하고 다시 사회와 융합되고자 하는 바람을 표현했다. 9월에 개최된 '左手与右手' 전람회는 동독과 중국 예술가의 집단 사회주의에 대한 기억과 성찰, 798공장을 설계한 동독의 건축사와 중국 노동자에 대한 추억 등을 표현했다.

1950~60년대 718단지의 노동자들, 공장 건설현장의 동독 건축가

리상췬李象群은 "상호보완의 관계는 이 지역을 번영하게 할 수 있다. 지금에서 보자면 이곳의 모순은 충돌하는 것이 좋지 않고, 대립하는 것도 맞지 않고 서로 상호 협력하여 공동 발전해야 한다"[8]며 정부와 치싱그룹 간의 관계에 대한 입장을 표명했다. 황루이는 '798 다시 만들기'를 내세우며 외국과 중국 매체를 통해 798 예술구 알리기에 노력했다. 그는 자신의 이런 활동에 대해 이렇게 언급했다. "'798'의 이름을 내세운 것은 의도적이었다. 네가 자기의 간판조차 내세우지 못한다면 누가 너를 돕겠는가? 우리는 사회 전체를 동원해서 이 오랜 건축군을 보호하게 할 것이다."[9] 이러한 협력하에 황루이, 쉬용과 리상췬 등 예술가들이 798공간을 보호하자는 활동을 시작했다.

798 예술구가 철거 위기에 처하자, "우리들에게 필요로 하는 것은 교류이지 전달이 아니다"고 생각한 황루이는 "798이 존재하여 계속 발전해가게 하는 것이 나의 가장 중요한 일"이라며 798 철거를 막기 위해 각방으로 노력했다. 정부가 798을 예술구로 공식적으로 인정하기 이전, 리지우쥐李九菊, 황원야黃文亞 등은 798 예술가, 갤러리 창설자 등 28인의 예술가와 798 예술구에 대해 인터뷰한 책 『현장-798 예술구 실록現場-798 藝術區實录』을 출판했다. 그 외 황루이의 『베이징 798-다시 만든 '공장'北京 798-再創造的'工厂'』, 주옌朱岩의 『798-주옌의 사진기록798-朱岩的照片紀录』 등 798 예술구의 예술가, 지식인들도 798을 보존하기 위해서 연이어 책을 출판했다.

---

8 李九菊·黃文亞, 「定格住生命的瞬間-李象群訪談」, 『現場-798藝術區實录』, 北京 : 文化藝術出版社, 2005, 54쪽.

9 黃鋭, 「798生存策划」, 『時尚家居置業』, 2006年 第6月号.

황루이를 대표로 하는 798의 예술가들은 718연합공장의 노동자를 방문해 718공장의 개막식 사진, 중국과 독일의 합작 노동 사진, 생산 노동 사진, 정치운동 사진, 생활복지 사진, 기초건설 사진, 건축 사진 등 역사적 기억이 기록된 사진을 대량 수집했다. 그들은 718연합공장의 공장장, 엔지니어 등을 찾아가 718공장의 건설 역사와 기억을 서술해줄 것을 부탁하기도 했다. 798에 소재한 빠이스취八藝時區에서 2004년 출판된 황루이의 『베이징 798－다시 만든 '공장'』은 이렇게 수집한 자료를 바탕으로 중국어와 영어로 제작된 책이었다.[10] 그는 이 책을 베이징 각 정부기구에 보냈다. 그 후 한 인터뷰에서 황루이는 이렇게 언급했다.

> 당시 이 책을 만든 것은 임시방책이었다. 그러나 우리의 목표는 아주 명확했다. 그것은 바로 이 오랜 공장을 보호하는 것이었다. 정부의 지지를 얻어내기 위해서 우리는 이 공장의 역사를 발굴하기 시작했다. (…중략…) 우리가 그 일을 한 이유는 사실 정부에 하나의 계시, 정서적인 충격을 주기 위해서였다. 이곳엔 찬란한 과거 역사가 있고, 국가는 그토록 많은 것을 투자했다. 게다가 이곳은 여전히 시대의 자부심이라는 것이다.[11]

---

10 이 책은 2008년 재판되었다. 예술가들이 798 예술구에 대해 쓴 책들은 대부분 영어와 중국어의 병기로 제작되었다. 그들이 이런 방식을 택한 이유는 중국어와 세계 공용어인 영어를 통해 798 예술구에 관한 국내외의 관심을 유도하기 위해서였다. 이런 전략은 유효했던 것으로 보인다. 한국의 경우, 798 예술구에 관한 논문들은 중국어 서적이나 논문보다는 영어 서적이나 논문에 의존하는 경향을 보이고 있다. 이것은 798 예술구에 관한 영문 책자가 영어권 학자와 평론가들에게 798에 대한 접근을 가능하게 했고 관심과 논의를 불러 일으켰기 때문이다.

11 黃銳, 「798"保衛戰"－電子城到藝術區的華麗轉身」, 『中國經濟導報』, 2010.8.13.

798 예술구에 거주하던 예술가들

황루이가 『베이징 798 – 다시 만든 '공장'』을 출판한 목적은 곧 철거될 운명의 공장을 보존하는 데 있었고, 이를 위해 그가 선택한 방법은 역사를 발굴하고 공장의 집단기억을 일깨우는 것이었다. 2004년 4월, 사진작가 주옌朱岩은 『798』 사진집을 빠이스취에서 출판했다. 사진집 속 80명의 인물들은 모두 798에 입주하여 거주했던 예술가들로서 여기에는 중앙미술대학 조소과 교수 수이젠궈隋建國, 음악인 류쒀라劉索拉, 출판인 홍황洪晃 그리고 건축가 주쥔朱鈞, 무용가 빙빙冰冰 등이 포함되어 있었다. 사진집은 각 인물의 798 생활상을 기록했다. 집단기억은 본질적으로 현재에 기반한 과거의 재구성을 통해 구축된다. 예술가들은 718연합공장 노동자들의 언어, 이야기, 사진 및 공장건축 등을 연결하여 718단지에 대한 집단기억을 재구성했다. 이 집단기억의 서사는 사진집의 사진서사를 통해 재현되었다. 사진서사는 718단지의 역사적 의미를 건축을 통해 구체화함으로써 건축공간과 국가의 역사가 서로 긴밀히 관련되어 있다는 점을 강조했다. 그리고 최근의 변화상을 통해 718단지의 미래를 암시적으로 그려냈다. 예술가들의 이런 노력의 결과로 CCTV의 〈견증見証〉은 798 시리즈를 보도하기도 했다.

718단지를 철거하지 않고 보존하기 위해서는 도시계획 수정을 통한 제도적 측면에서의 보장이 필요했다. 그래서 예술가들은 "대립하지 않는다"는 원칙 하에 제도적 측면에서 798 문제에 접근하기 시작했다.

> 당시 물업(치싱그룹 — 인용자)이 토지를 팔아 빌딩을 지을 준비를 하고 있다는 소식이 전해지자 모두 긴장하면서 이를 막을 방법을 강구했다. 당시 나

리상췬과 그의 조각

는 인대회人代會에 참가하여 이 사건을 의견으로 제출하기로 마음먹었다.[12]

2004년 2월 18일, 798 예술구의 조각예술가이자 칭화대학 교수인 리상췬은 베이징시 인민대회 대표의 신분으로 그 해 베이징시 양회兩

12 李雪梅,「北京798從軍工厂到藝術區」,『中國國家地理』, 2006年 第6期.

會 즉 인대회人代會와 전국정협全國政協에서 「오래된 공업건축유적을 보호하고, 지금 발전 중인 문화산업을 보호하자保護一个老工業建筑遺址, 保護一个正在發展中的文化産業」는 안건을 제출했다. 그는 이 안건에서 798 예술구를 보호해야 하는 '5가지 가치설' 즉 건축적 가치, 역사적 가치, 예술적 가치, 경제적 가치, 올림픽 가치 등을 제기했다.[13] 이 안건으로 인해 798공장을 대표로 하는 따산즈 예술구의 발전과 도시계획의 모순·충돌이 문제가 되자, 정부는 관련 분야의 전문가에게 의뢰해 이 지역의 잠재적 가치를 다시 의논하기로 하고 기존의 발전계획 실행을 잠정 중단하기로 결정했다.

2004년 3월 6일, 건설부는 「도시 우수 근현대 건축계획 보호강화에 대한 지도방침關于加强對城市优秀近現代建筑規划保護的指導意見」에서 "도시의 우수한 근현대건축은 일반적으로 19세기 중기에서 20세기 50년대에 건축된 건축물 중 도시 발전 역사를 반영하고, 높은 역사문화적 가치를 갖춘 건축물과 건조물을 말한다"고 명시했다. 이 규정에 따르면 718단지의 건축군은 우수 근현대 건축군에 포함될 수 있는 조건을 갖추고 있었다.

2004년 베이징시성시규획설계연구원北京市城市規划設計研究院 원장

13 5가지 가치 : ① 798 등의 공장은 당시에 건축설계방면에서 뛰어난 55명의 동독 전문가를 초청하여 바우하우스 양식으로 건설된 현대 공업건축물로 세계에서 보기 드물다는 건축적 가치, ② 중국과 독일의 우정을 증명하고 사회주의 동맹 시기의 역사를 증명하는 신중국 건설의 역사교과서라는 역사적 가치, ③ 2003년 베이징이 처음으로 미국 『뉴스위크』에서 세계 12개 도시에 선정된 이유는 바로 이 예술구의 발전이 베이징의 세계도시로서의 능력과 미래의 잠재력을 증명했기 때문이라는 예술적 가치, ④ 이 지역이 정책의 지지를 받는다면 발전의 잠재력은 말할 필요가 없고 베이징에서 가장 큰 민간자본의 집산지가 될 뿐만 아니라 새로운 문화, 경제지역이 될 것이라는 경제적 가치, ⑤ '신베이징, 신올림픽'에서 현대 예술구는 신문화의 상징이고 이런 새로운 문화는 한 국가의 예술수준과 정신 상태를 표현한다는 올림픽 가치.

주자광朱嘉广은 베이징시정협北京市政協에 이 구역의 공업건축군을 '역사문화 보호지역'으로 지정하고 '우수 근현대건축군'에 포함시킬 것을 건의했다. 그러자 관련 정부기관의 인사들이 798을 방문하고 798 문제를 적극적으로 논의하기 시작했다. 2005년 798 건축군을 보호하고 중시한다는 지시가 내려졌다. 처음으로 798 예술구의 공장건축물을 중점적으로 보호한다는 것이 명확하게 결정된 것이었다.

정부의 이런 결정을 이끌어낸 이들은 예술가들이었다. 그들은 718 연합공장이 철거되지 않고 798 예술구로 변화되는 데 결정적이고도 주체적인 역할을 수행했다. 그들이 당대예술 발전과 공업건축 유산보호라는 목적 하에 798 예술구를 보존해낸 것이었다. 그들은 치싱그룹이 아니라 정부를 상대로 적극적인 실천을 펼쳤으며 여론과 가치를 그 무기로 삼았다. 황루이와 그들이 798 예술구를 보존하는 방식은 언론매체를 통해 798 예술구를 주목하게 하는 것이었다.

언론 보도에 대해 치싱그룹은 침묵으로 일관했지만 사태 변화를 막아내지는 못했다. 2003년부터 『뉴욕 타임스』, 홍콩의 『난화조보南華早報』 등에서 798 예술구에 대해 대대적으로 보도하기 시작했고 베이징의 새로 창간된 『신경보新京報』는 798 예술구에 대해 지속적으로 연재하기도 했다. 798 예술구는 예술절 행사를 통해 점차 도시의 새로운 상징으로 인식되기 시작했고, 베이징이 적극적으로 추진하는 국제화의 기호로 명성을 알리게 되었다.

제2회 예술절의 퍼포먼스 '작은 걸음小走'(2005)

2) 공간주체 간의 충돌, 공조

이제는 공동의 거주자인 치싱그룹과 예술가들이 서로 충돌, 공조하면서 복합장소로서의 798 예술구를 어떻게 새로운 공간으로 구성해 가는지를 살펴보자. 2002년에서 2006년 사이 798공간에서 공간의 경제권력을 장악하는 것은 치싱그룹이었고, 정치권력을 장악하는 것은 주로 시, 구정부였으며, 문화자본을 장악하는 것은 798에 입주한 자유예술가와 갤러리 경영자였다. 치싱그룹과 예술가·갤러리 경영자는 798의 공동거주자로 공간발전의 방향에서 이견을 보이며 충돌했다.

798공간에 잠재해 있던 분쟁의 요소가 최초로 폭발하게 된 계기도 2003년 4월의 '798 다시 만들기' 예술활동이었다. 입주한 예술가들이 주최한 이 활동의 목적은 798 예술구를 사회에 알리고 당대예술과 사

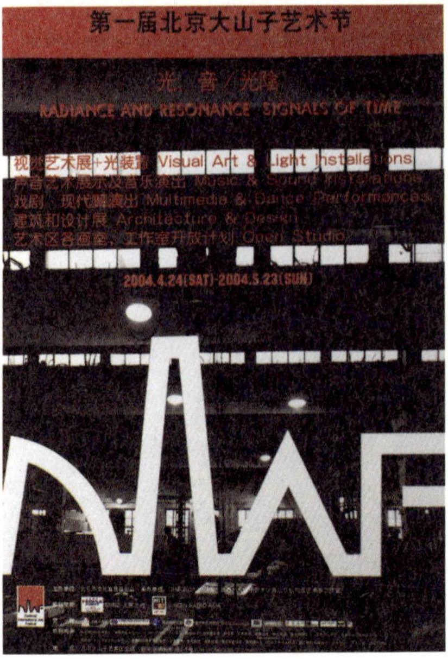

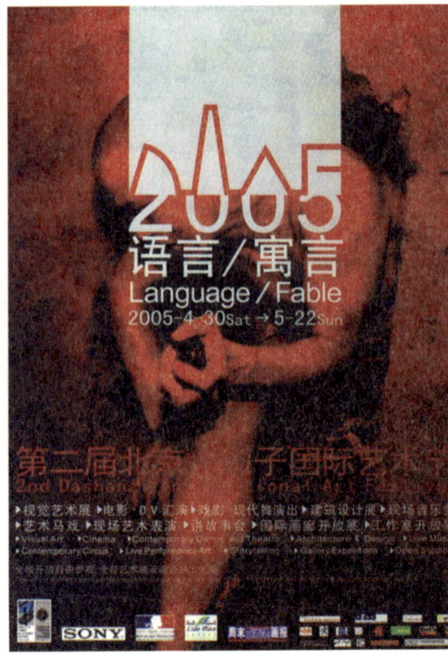

제1회와 제2회 베이징 따산즈 예술절 포스터

회 대중의 관계를 긴밀하게 하는 것이었다. 그들은 치싱그룹의 관리부 지도자 및 관련 노동자 들을 초청했다. 그러나 치싱그룹은 798은 치싱그룹 하부 공장의 하나이므로 세입자인 예술가들에겐 798을 다시 만들 권리가 없다고 반박했다. 그리고 "치싱그룹 측은 이 활동의 명칭이 798 명칭에 대한 자신들의 권리를 침범했다고 여겼다." 이에 활동을 주최한 쉬용은 "'798 다시 만들기'는 예술적 개념, 예술활동일 뿐이며 진짜로 798공장을 다시 만들 수는 없다. 우리에겐 군수공장을 다시 회복하게 할 능력이 없다고 치싱그룹 측에 재삼 해명했다." 그렇지만 치싱그룹은 이같은 해명을 받아들이지 않았고, 예술가와 예술기구들은 논의 끝에 결국 명칭을 '798 예술구'에서 '따산즈 예술구大山子藝術區'로 변경해야 했다.

치싱그룹은 '798 다시 만들기' 구호는 이 공간의 미래를 규정하는 것이라고 여겼다. 그래서 치싱그룹은 공간에 대한 각종 권리를 소유한 자로서 문화 권력 면에서 지배적 지위에 있는 예술가들에게 주의를 준 것이다. 핵심은 798공간을 규정하는 발언권이 누구에게 있느냐 즉 누가 권력을 가지고 이 공간의 귀속 및 미래의 방향을 결정하느냐 하는 것이었다. 표면적인 투쟁의 결과는 예술가들의 패배였지만 '798 다시 만들기' 관람객의 수와 매체보도의 효과로 볼 때 예술가들은 그들이 기대한 목적에 도달했다고 할 수 있다.

2004년 4월, 더욱 많은 사회적 지지를 획득함으로써 798공간을 보존하기 위해, 798에 입주해 있던 예술가, 갤러리와 예술기구들은 예술절을 개최하기로 한다. 발기자는 황루이와 쉬용이었다. 정상적인 절차를 밟자면, 예술절 활동은 반드시 시와 구역 정부의 선전부서에 신청하여 허가를 받아야 했다. 그러나 민간조직의 당대예술활동에 대해 당시 정부는 지지도 하지 않고 반대도 하지 않는 애매한 태도를 취했다.

> 그때 정부는 당대예술에 대해 낯설어하고 두려워하는 태도를 취했다. 그 이유는 첫째 그들은 여태까지 당대예술을 경험한 적이 없었고, 둘째 위험을 부담하기가 두려웠기 때문이었다. 그래서 정부는 비준을 내리지 않았다.[14]

이런 상황에서 798의 예술가와 예술기구들은 '제1회 베이징 따산즈 국제예술절第一屆北京大山子國際藝術節'의 명칭을 '2004 따산즈 예술구 예술전시활동2004大山子藝術區藝術展示活動'로 바꾸고[15] 기획된 전시활

14 劉子華, 『798－亞洲崛起的藝術新聚落』, 台北 : 南方家園文化事業有限公司, 2009, 61쪽.

동은 각 예술기구가 자체적으로 시행하는 것으로 결정했다. 그러나 예술행사를 치르기 3일 전 치싱그룹은 다음과 같이 공지했다.

> 전 세입자에게 보내는 공지 : 718단지 구역 내의 안전과 생산경영 활동의 정상적인 진행을 보장하기 위해 치싱그룹 물업관리중심은 세입자에게 경고한다. 정부 비준의 대형 사회활동을 치루기 위한 치안등기증 및 기타 상응하는 비준을 얻기 전에 개별 인사가 '따산즈 예술절'을 강행하면, 치싱그룹 물업관리중심은 정부의 상관하는 법령 및 물업관리중심의 관리규정에 따라 결단코 이 활동을 제지할 것이다. 그때 단지 내의 인원, 차량, 환경을 임시로 통제하며 단지 내의 인원이나 차량이 아닌 경우 단지 내에 진입하는 것을 금지한다. 세입자들의 이해와 지지를 바라는 바이다.
>
> 베이징치싱화전과기집단유한책임공사 2004년 4월 20일.[16]

이 공지는 파란을 일으켰다. 예술구가 마주할 미래가 철거인지 보존인지에 대해 의견이 분분했다. 예술절의 조직자들은 갑작스런 금지령을 접한 후 신속한 행동을 취했다. 황루이는 차오양구朝陽區 정부의 친구에게 적극적으로 도움을 요청했다.

> 내가 선전부서의 친구에게 전화를 하니 그는 내가 직접 정부에 그것도 가장 민감한 정부부서에 말하라고 했다. 그는 시위원회 선전부, 차오양구 위원회 등의 팩스번호를 알려줬고 나는 편지를 썼다.[17]

---

15 영문 명칭은 변경없이 DIAF(Dashanzi International Art Festival)으로 하였다.

16 黃銳主編, 『北京798－再創造的"工厂"』, 成都 : 四川美術出版社, 2008, 33쪽.

편지는 2004년 4월 23일 시위원회, 구위원회 등에 팩스를 통해 공개적으로 전송된 「치싱그룹의 갑작스런 조치에 대한 몇 가지 우려關于七星集團突然措施的几点担憂」이다. 편지의 내용은 다음과 같다.

> 첫째, 모든 예술활동, 제목, 참가자 성분, 작품들은 법률을 위반하지 않고 이데올로기 범위를 넘어서지 않는다는 것을 보장한다. (…중략…) 그러나, 이 명령(치싱그룹의 공지 — 인용자)은 강제적이다. 그러나 다만 한 가지, 우리들의 초대장에 대해서는 그들이 책임져야 한다. 이미 40여 대사관의 외국대사, 공사관이 여기에 포함되어 있고 그들은 개막식을 참관하기로 되어 있다. 그때 생길 문제를 어떻게 할 것인가? 우리들은 해결할 수 없으니 당신들이 해결하기 바란다.[18]

편지는 치싱그룹과 세입자 사이의 문제를 교묘하게도 외교 문제로 전환시켰다. 이로 인해 정부가 나서서 해결하지 않을 수가 없게 되었다. 공개적인 편지를 보낸 이튿날 차오양구 위원회는 798 현장에 사람을 파견해서 예술절을 그대로 개최하라는 시위원회의 명령을 전달했다. 마침내 긴장된 분위기 속에서 2004년 4월 24일 제1회 따산즈 예술절이 개막하게 되었다. 힘든 곡절을 겪었지만 798 예술가들은 치싱그룹과의 싸움에서 결국 승리했다.

그러나 여러 차례의 충돌에서 예술가들이 승리한 듯 보였지만, 798 공간 규정에 대한 정부의 태도는 여전히 불명확했으며 798공간에 대

17 劉子華, 앞의 책, 62쪽.
18 위의 책, 63쪽.

창칭 갤러리

한 치싱그룹의 권리는 무시할 수 없었다. 변화는 2005년부터 시작되었다. 2004년 12월 슈뢰더 독일 전 총리는 국무원의 관계인사와 함께 798을 방문했다. 그리고 798공간의 보존을 강력히 요구했다는 소문이 퍼졌다. 이어 중국과 프랑스 문화의 당대예술활동이 제2차 따산즈 예술절(2005.4.29~5.21)에 열렸다. 2005년 5월 이탈리아 창칭常青 갤러리가 798에 문을 여는 것을 시작으로 타이완 디먼帝門 예술센터, 롄聯 갤러리, 베이징리팡北京立方 예술센터 등의 예술기구가 연이어 입주했다. 그해 8월에는 798 남문 부근에 공간 소극장이 들어섰다. 이처럼 새로운 갤러리가 연쇄적으로 입주하고 전람회가 계속 되었는데,[19] 이는

19 韓風, 「工業遺址保護与經濟發展的關系研究－北京798藝術區案例分析」, 『裝飾』, 2010年 12期, 98쪽. 2002~2008년 798 예술기구 통계 :

연도	2002	2003	2004	2005	2006	2007	2008
개수	20	75	90	105	230	250	280

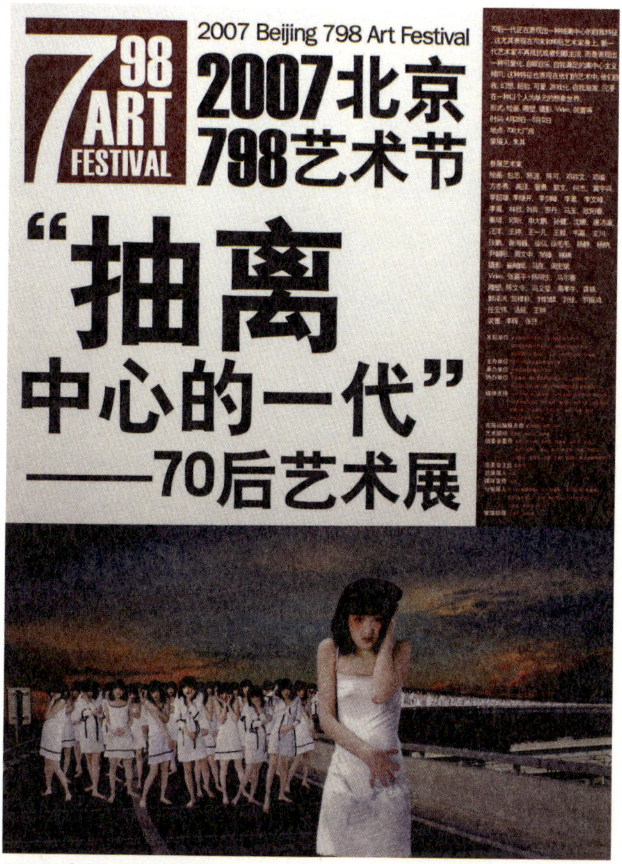

2007 베이징 798 예술절

798 예술구가 국내외에서 상당한 주목을 받았기 때문이었다.

2006년 1월, 베이징시는 문화창의산업을 중점발전산업으로 한다는 「베이징시 국민경제와 사회발전 제11개 5년 규획요강北京市國民經濟和社會發展第十一个五年規划綱要」을 선포했다. 이에 798은 정식으로 '문화예술창의산업원구文化藝術創意産業園區' 즉 문화창의집단의 하나로 선정되었다. 「문화창의산업 발전지침文化創意産業發展指南」은 798 예술구에 입주할 수 있는 기구의 직종을 4개로 한정했다. ① 문화예술산업, ② 매체산업, ③ 설계자문산업, ④ 지식산업권의 서비스산업 등이 그것이었다. 이에 따라 국내외 지명도가 높은 설계사, 음악관련 예술기구, 갤러리 등이 입주했다.

2006년 3월 28일 차오양구 위원회, 구정부와 치싱그룹이 공동으로 베이징 798 예술구에 관리사무소를 설치했는데 치싱그룹의 직원이 주임을 맡았다. 올림픽을 앞두고 외국의 관심에 상당한 부담을 느끼고 있던 정부와 공동으로 798 예술구를 관리하게 되면서 798 예술구, 예술가와 예술기구에 대한 치싱그룹의 태도는 이전과는 정반대로 바뀐 듯 보였다. 798 예술구 관리사무소는 치싱그룹의 지원으로 2006년엔 '도시 · 창의 · 생활城市 · 創意 · 生活'이란 주제로 첫 베이징 798 창의문화절을 개최했다. 2007년 798 예술절은 치싱그룹물업관리중심七星集團物業管理中心(간칭 물업物業)이 주최했는데 그 변화가 미묘했다. 제1회 따산즈 예술절이 개최되었을 때 치싱그룹은 이를 제지했지만 2007년에는 백만 위안이 넘는 비용을 투자하면서 예술절을 개최했다. 798 예술절은 이전까지 황루이가 책임을 맡아 주최를 했었지만 황루이를 추방한 물업은 리상췬과 쉬용에게 일을 의뢰했다. 그들은 치싱그룹의 제안을 거절했다. 쉬용은 예술절을 개최하려면 모두의 동의를 구해야 한다고 말했다. 그러자 물업은 798에 거주하는 예술가와 예술기구를 상대로 투표를 실시하여 조직위원회를 구성하고는 책임자로 주치朱其를 선정했다. 황루이가 국제적인 예술교류를 강조했던 것과 달리 2007년 예술절은 젊은 예술가를 내세워 '구매할 수 있는 예술買得起的藝術'을 표명하면서 잠재적인 예술품 수집가를 끌어들이려 했다. 2007

패스 갤러리

년 798 창의문화절에서는 718공장 건설 50주년 활동을 개최했다.[20] 이렇듯 국유기업과 민간은 표면적으로는 공조하면서 창의문화절·예술절을 개최해나간 듯 보인다.

그러나 798공간을 둘러싼 갈등이 완전히 해소된 것은 아니었다. 치싱그룹은 자신의 까페, 식당과 예술품 상가들을 개점했다. 그리고 2006년 11월, 물업은 798 예술구의 대변인 격인 황루이에게 추방령을 내렸다. 결국 2007년 3월 황루이는 798을 떠났다. 그리고 치싱그룹이 임대료를 대폭 인상하자 일부 예술가와 작은 규모의 갤러리, 예술기구들도 798을 떠났다. 그 사이 거대한 경제력을 갖춘 예술기구들 예를 들면 벨기에의 요룬스尤倫斯 예술기금회, 미국의 패스佩斯 갤러리, 스페인의 이비리아伊比利亞 당대예술센터 등이 계속 입주했다.[21] 초기부터 798

20 2007년 베이징 798 예술절은 4~5월에 개최되었고, 798 창의문화절은 9~10월에 개최되었다. 2008년부터는 예술절과 창의문화절을 통합하여 798 예술절을 9~10월 사이 한 차례만 개최한다.

에 있었던 예술가들은 일부 공간을 다른 사람에게 재임대하기도 했다.

예술가와 예술기구가 가진 것은 문화자본이었고 치싱그룹이 가진 것은 경제적 자본이었다. 예술가들은 공장생활 및 예술절의 각종 활동으로 공간에 풍부한 문화자본을 주입하였고 798공간은 제1차 예술절 이후 진정한 의미에서의 예술공간으로 변모했다. 그러나 많은 예술가들이 798에 들어오면서 자연스럽게 임대료는 상승됐고 공간의 시장가격도 요동쳤다. 공간의 문화자본은 경제자본으로 전환되었으며 이로 인해 사실상 이득을 보는 측은 치싱그룹이었다. 예술가들의 문화자본이 자신들의 경제자본으로 치환될 때에야 비로소 치싱그룹은 예술구를 건립하는 데에 정부와 협력했고 임대자를 찾아나섰다.

예술가들의 적극적인 행동이 아무리 큰 영향력을 가졌다 할지라도 공간 점유권과 사용권을 지닌 치싱그룹과 타협하지 않았다면 798 예술구는 불가능했을 것이다. 공간을 점유하고 사용할 권리를 지닌 치싱그룹과의 협력·공모는 불가피한 것이었다. 이 협력이란, 공간의 경제권력과 공간의 문화권력 세력이 대립할 때 치싱그룹이 공간의 상징권력을 조정하면서 문화자본을 경제자본으로 전환할 수 있는 권리를 갖고 있음을 인정한다는 것을 의미했다. 이 암묵적인 협력에 대한 정부의 최종적이고 제도화된 확인은 공간의 발전이 합법적인 궤도 위에서 진행되도록 하는 것이었다.

최초 입주한 예술가와 갤러리 경영자들은 문화자본을 활용한 공간

---

21 2005·2007년 798 예술기구의 유형 :

년\종	작업실	갤러리	설계	매체	요식	기타	합계
2005	42	34	7	3	9	7	102
2007	79	103	18	13	14	23	250

물업

실천 활동을 벌여 798공간에 '당대예술'의 분화구라는 기능을 부여했다. 단기간의 경제적 이익만 따지자면 이 공간에 IT산업단지를 세우는 것에 비교할 바 못 되었지만 그들의 활동은 베이징시의 정책 즉 전국의 정치, 문화의 중심도시라는 정체성에 부합하는 것이었다. 798 예술가들의 적극적인 공간실천과 정부의 태도는 치싱그룹이 기존의 결정을 바꾸어 예술공간의 건립을 지지하도록 유도했다. 이 결과를 표면적으로만 살필 경우, 치싱그룹이 임대자인 예술가와 같은 입장이라는 오해가 생기기도 한다. 그러나 사실 치싱그룹은 임대료의 상승, 798 예술운동 지도자의 추방 등으로 자신의 예술상업기구를 건립했다. 치싱그룹은 효과적으로 공간의 상징권력을 조정하고 더 많은 경제적 이득을 취했다. 따라서 공간권력의 전체 체제에서 지배적 위치를 차지한 것은 치성그룹이라 할 수 있다.

2003년과 2004년에 798에서 일어난 예술가들의 도시운동은 기존 건축물을 철거하려는 치싱그룹의 의지를 정부가 저지하도록 만들었다. 이로 인해 718단지의 바우하우스 풍격의 건축물은 보존되었지만, 그렇다고 치싱그룹이 점유한 이 공간이 예술구로 변모했다고 확신할 수는 없다. 물질적 공간은 보존되겠지만 공간의 성격은 치싱그룹의 경제적 이익을 목적으로 하는 문화예술활동과 상업활동의 복합적 공간이 될 가능성이 높기 때문이다.

이러한 예상에는 시정부의 역할 또한 중요한 이유로 작용한다. 시정부의 개입은 직접적인 방식이 아니라 물업을 통한 간접적인 방식을 취하고 있다. 그러나 시정부는 물업의 단순한 일부 구성원일 뿐만 아니라 물업을 관할하는 위치에 있다는 점에서 배후의 조정자 역할을 하고 있다고 할 수 있다. 티베트 문제와 파룬궁 문제를 제외하면 798 예술구는 어떤 것이든 가능한 공간이라고 하지만,[22] 예술절을 주최하고 관리하는 주체가 예술가에서 물업으로 변경됨에 따라 예술절 특유의 사회문제에 대한 적극적 발언과 시사성, 자유로운 예술적 창의성은 퇴화되고 있다. 물론, 여기에는 표면에 나서지 않은 시정부의 무언의 의지가 작용했을 것이라 짐작할 수 있다. 사회를 향한 비판과 풍자의 정신을 제거당한 예술절은 예술가들로 하여금 방향성 없는 신기성을 추구하도록 부추기고 있다. 물론 이 신기성은 상업성과 쉽게 결합할 수 있는 성격이다. 이로 인해 예술가들 또한 주체적인 의지나 독창적인 예술 정신보다 자신의 경제적 부를 위해 시류에 편승하려는 경향이 점점 강해지고 있다.

22 쉬용, 2012.4.17, 시태공간에서 필자와 인터뷰.

4. 798 예술구의 곤경

매체와 자본이 798 예술구를 베이징 문화의 새로운 상징으로 주목한 이유는 798 예술구의 활기찬 창의성과 화제성 때문이었다. 798 예술구의 창의성은 "다른 예술지구에서는 불가능한 전위적인 행위예술이 798 예술구에서는 가능하다"[23]는 공간적 의미와 특권에 힘입은 것이었다. 그러나 이런 당대적·예술적이고 창조적인 798 예술구는 이제 과거가 되었다.

통계에 의하면, "2006년 798 예술구의 연간 수입은 20억 위안에 달한다. 이곳은 이미 베이징의 중요한 문화산업중심지가 되었다. 2008년 올림픽 기간에 33만 명이 이곳을 다녀갔는데 하루 3만 명을 넘는 수치였다. 798 예술구의 성장에 힘입어 2009년 11월 말 차오양구 문화창의산업의 총수입은 1,200억 위안에 달했다. 차오양구 생산수입은 11%가 증가했으며 16만 명 이상이 취업할 수 있었다."[24] 이는 798 예술구가 베이징 문화창의산업 발전의 중심이라는 것을 여실히 보여준다. 역설적이게도, 이런 경제수입의 증대가 798 예술구의 창의적인 예술성을 점차 퇴색시키는 요인이 되었다. 798 예술구의 예술적 분위기는 점차 사라져가는 반면 상업적 분위기가 농후해지고 있다. 정부는 문화창의산업의 발전을 지지하지만 상업의 과도한 발전은 798 예술구의 뿌리인 예술의 생존에 악영향을 미치고 있다.[25]

---

23 쉬용, 2012.4.17, 시태공간에서 필자와 인터뷰.

24 田呢, 「798的困境」, 『中國美術*CHINESE ART DIGEST*』, 2011年 第3期, 16쪽.

쉬용

2007년 798 창의문화절

예술구로 발전하느냐 아니면 특색 있는 상업구로 완전히 변모하느냐 하는 기로에 서 있는 것이 현재 798 예술구의 현실이다. 그 이유는 798 예술구에서 가장 핵심적인 역할을 수행해온 예술가들이 마주한 상황 때문이다. 대부분의 예술가들은 임대료의 엄청난 상승을 견디다 못해 예술구를 떠나거나[26] 식당을 개업하고 있다. 더구나 갤러리는 일반적으로 투자 후 3년 이후에나 이익이 창출되기 시작하는데, 1년마다 재계약해야 한다는 치싱그룹의 계약규정으로 인해 798 예술구의 갤러리는 장기적인 계획을 설계할 수 없다.

718단지 50년을 기념하는 2007년의 798 예술구 창의문화절에서는 문

25 오늘날 798 예술구는 이미 완전히 당대예술품의 전시와 경영만을 할 수가 없는 상황이다. 지금의 추세는 상업화와 다원화이다. 중국어와 영어로 된 식단메뉴를 가진 식당, 고급 의복 상가, 기존의 창의상품만을 판매하던 데서 벗어나 저가의 관광상품을 파는 상가들이 증가했다. 많은 갤러리의 경영자는 상업화의 추세는 피할 수 없지만 798 예술구에 부합되는 소비공간이 되어야 한다고 주장한다.

26 2002~2009년 798 예술구 임대료 변화 :

연도	2002	2003	2004	2005	2009
임대료 상승(%)	0.8	1.2	1.5	2.0	5.0

화절 개막식을 제외하곤 관중들의 참여가 저조했다. 718연합공장이 798 예술구로 변하는 과정을 주도하고 목격한 따산즈 예술절 발기인 쉬용은 그 이유를 이렇게 말한다.

> 798 예술절과 달리 현재 진행되는 창의문화절에서 중요한 것은 문화산업 발전을 추진하는 것이다. 경제적인 면에 편중되어 있는 것이다. 창의문화절은 예술과 긴밀히 관련하는 데서 출발하지 않았고 특별한 예술활동 같은 것도 없다. 자연히 예술가들이 관심을 가지지 않기에 한산한 편이다.[27]

현재 798 예술구는 보존되었고 정책상의 보호까지 받고 있다. 그러나 보존된 것은 토지이고 형식이지 사람과 내용이 아니다. 현재 장기간 거주하는 예술가는 없으며 갤러리도 점차 떠나가고 있는 실정이다. 배후의 든든한 자금 지원을 받고 있는 외국 갤러리도 금융위기로 인해 798 예술구를 떠나고 있다.

많은 예술가, 평론가, 심지어 갤러리의 경영자들은 현재의 798 예술구를 뉴욕의 소호구와 비교한다. 798 예술구는 뉴욕의 소호와 같이 예술구에서 상업구로 전환하고 있다는 것이다. 798 예술구의 발전은 최초 여기에 입주했던 예술가들의 공이지만 지금 분명한 것은 예술가들의 발언권은 사라졌다는 것이다.

그러나 쉬용은 798 예술구의 존재 의미와 그 가치에 대해 적극적이다. "중국의 도시진행 과정에서 볼 때 예술구는 필요한 공간이다. 예술구라는 존재로 인해 도시나 국가는 이미지 면에서 높은 평가를 얻

27 쉬용, 2012.4.17, 시태공간에서 필자와 인터뷰.

중앙미술대학 조소과 건물 앞의 수이젠궈

을 수 있다. 예술구는 창조력과 자유의 허용도를 증명하는 것"이기 때문이라는 것이다.[28]

798 예술구에 가장 먼저 입주했다가 지금은 퇴거한 중앙미술대학 교수 수이젠궈 역시 798의 현실이 어떻든 그 존재 가치는 확고하다고 단언한다. "798 예술구는 이미 베이징 및 중국 예술의 상징이다. 이 지위는 결코 변함이 없을 것이다. 798 예술구의 가장 큰 의미는 교과서에서는 배울 수 없는 중국 당대예술을 만인에게 공개할 수 있다는 것이다. 베이징 시민들이 가족과 함께 주말을 보내면서 성장하는 어린 세대에게 중국의 현대사와 중국 당대예술을 직접 보고 느끼게 하는

28 쉬용, 2012.4.17, 시태공간에서 필자와 인터뷰. 쉬용은 2012년 10월에 798 예술구 10년의 역사를 돌아보고 미래를 설계하는 회의를 계획 중이라고 했다.

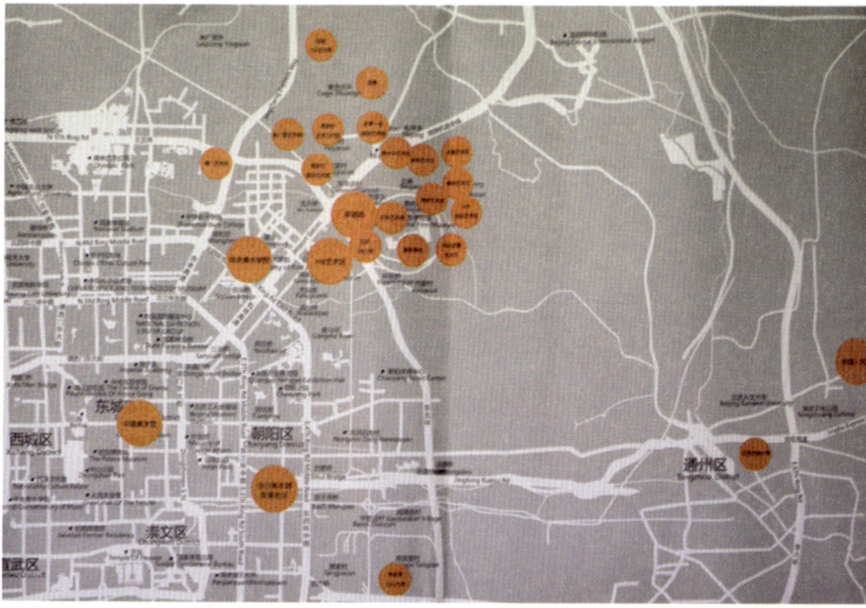

베이징의 예술구 분포도

것이 798공간이 가진 가장 큰 의미다"고 말한다.[29] 그는 798 예술구의 성격 변화에도 불구하고, 예술가들에게 있어서 798공간의 가장 중요한 의미는 당대예술의 전시공간을 확보할 수 있다는 점이라고 강조한다. 사실 중국에서 당대예술은 한동안 홀시되었다. 798 예술구가 출현하기 전 베이징에는 갤러리가 5개 정도밖에 없었고 그나마도 당대예술을 전시할 기회는 거의 없었다. 중국 당대예술은 1970년대 말부터 1990년대 말까지 주변적 지하상태에 처해 있었다. 798 예술구를 통해 중국 당대예술은 개인적인 창작과 평론 공간에서 벗어나 대중적으로 공론화되기 시작했다. 현재 당대예술을 논할 때 798 예술구는 여전

29 수이젠궈, 2012.4.20, 중앙미술대학에서 필자와 인터뷰.

히 중요한 참조대상이다.

수이젠궈는 "현재 중국 현실에서 당대예술 활동을 하는 예술가 그리고 관련 활동을 하는 사람에게 있어서 798 예술공간은 여전히 중요한 무대다. 그들은 798 예술구를 떠났지만 그 주변에서 작품 활동을 하고 있으며, 그들의 작품 전시회와 관련 활동은 여전히 798 예술구에서 이루어진다"[30]고 말한다. 이로 볼 때, 현재 798 예술구가 현실적으로 이룰 수 있는 최선책은 예술가들의 창의성에 기반한 798 예술구만의 개성 있는 브랜드화라고 할 수 있다.

30 수이젠궈, 2012.4.20, 중앙미술대학에서 필자와 인터뷰.

참고문헌

김성희, 「예술창작촌의 형성요인과 문화예술 콘텐츠화에 관한 연구－북경 따산즈 798 지역을 중심으로」, 『문화경제연구』 14권 1호, 한국문화경제학회, 2011.

김태만, 「베이징의 창의도시 전략과 창의산업클러스트의 특징」, 『동북아문화연구』 제19집, 동북아시아문화학회, 2009.

도시재생네트워크, 『뉴욕 런던 서울의 도시재생이야기』, 픽셀하우스, 2010.

안태선, 「중국과 한국의 문화·예술을 매개로 한 도시재생 비교 연구－베이징 타산즈 지역과 서울 문래동 지역을 중심으로」, 『아시아연구』 13권 3호, 한국아시아학회, 2010.

「再造798綜合藝術活動計划概要」, http://06.art218.com/culture/sample/200604/1059.html

劉明亮, 「對北京798藝術區当下發展困境的分析」, 『文藝理論与批評』, 2011.1.

馬　地, 「798創意產業區形成因素研究」, 『中國城市經濟』, 2008.10.

馬學東, 「当代藝術的城市嘉年華－北京798藝術區大山子國際藝術節－黃銳訪談」, 『大美術』, 2006年 第6期.

李九菊·黃文亞, 「定格住生命的瞬間－李象群訪談」, 『現場－798藝術區實𧰼』, 北京 : 文化藝術出版社, 2005, 54쪽.

李雪梅, 「北京798從軍工厂到藝術區」, 『中國國家地理』, 2006.6.

韓　風, 「工業遺址保護与經濟發展的關系研究—北京798藝術區案例分析」, 『裝飾』, 2010年 12期, 98쪽.

黃　銳, 「798生存策划」, 『時尚家居置業』, 2006年 第6月号.

______, 「798"保衛戰"－電子城到藝術區的華麗轉身」, 『中國經濟導報』, 2010.8.13.

葛守昆·金毅, 『生產關系論』, 南京 : 南京大學出版社, 1998.

劉子華, 『798－亞洲崛起的藝術新聚落』, 台北 : 南方家園文化事業有限公司, 2009.

孫立雯, 『驟變 798(2001～2007)』, 長沙 : 湖南美術出版社, 2011.

程磊·朱其, 『北京 798』, 北京 : timezone 8, 2008.

黃銳 主編, 『北京798 — 再創造的工厂』, 成都 : 四川美術出版社, 2008.

영화가 조명하는 필리핀의 두 얼굴

삶은 낙원보다 슬럼에

엄은희

1. 필리핀의 두 얼굴

필리핀은 한국인들이 허니문과 어학연수를 목적으로 자주 찾는 대표적인 동남아시아 섬 국가이다. 2011년 인천국제공항의 출입국 통계만 보아도, 필리핀과 한국 사이의 여객기 이용객은 세계적으로는 다섯 번째, 동남아시아 국가들 중에서는 태국에 이어 두 번째로 많았다.[1] 그런데 태국행 항공기 이용객 중 유럽행 비행기로의 환승 혹은 인도차이나 반도의 다른 국가로의 이동을 위한 경유 목적의 사람들의 수

1 인천국제공항공사 항공통계(지역별) http://www.airport.kr/iiac/pds/sta/Sta_04.iia

쌈파기타 꽃을 파는 거리의 아이

가 많다는 사실을 고려하면, 동남아시아 국가 중 필리핀은 한국인들에게 가장 친근한 나라로 보아도 무방하지 않을까.

한국인들이 필리핀을 찾는 이유는 무엇일까? 비즈니스를 위해 필리핀을 찾는 사람들도 다수 포함되어 있겠지만, 신혼여행객들과 저렴한 가격의 영어 어학연수를 위해 필리핀을 찾는 관광비자 보유자들이 다수일 것이다. 부담스럽지 않은 비행시간에 더하여 열대의 따가운 햇살과 에메랄드빛의 바다 그리고 그 앞에 끝없이 펼쳐진 백사장과 같은 이국적인 자연 환경은 동남아시아의 아름다운 섬나라 필리핀을 한국인들이 즐겨 찾는 관광지로 손꼽히게 만들었다.

관광을 위해 필리핀을 찾는 방문객의 대부분은 비사야스 지역[2]의 섬이나 루손 섬 북부의 산악지대로 곧바로 이동하기 때문에, 필리핀의 수도 마닐라에서는 공항 이외에 그다지 인상적인 경험을 할 기회를 얻기가 쉽지 않다. 하지만 쇼핑을 위해 혹은 스페인 식민시대의 근대 건축물과 필리핀의 역사에 대한 관심을 갖고 마닐라 관광을 계획한 사람들이라면 마닐라의 도로를 달리면서 부와 가난이 뒤섞인, 혼잡스러운 개발도상국 제1도시의 모습과 조우하게 된다.

물론 마닐라의 신新중심지인 마카티Makati와 같이 상류층의 거주지이자 국제적인 상업중심지에서는 쾌적함을 맛볼 수도 있다. 하지만 필리핀의 상류층들조차도 자신들의 공간을 벗어나는 것을 꺼려할 만큼 수도 메트로 마닐라 곳곳에는 복잡하고 번잡한 경관들이 산재해 있다. 도로 곳곳에는 당장 폐차를 시켜야 할 것만 같은 버스나 지프니가 검은 매연을 내뿜으며 차선을 무시하며 달려대는 것이 다반사다. 동물들까지 뒤엉킨 인도의 도시들만큼은 아닐지라도 온갖 종류의 지프니들이 뒤엉킨 필리핀 마닐라의 도로는 운전하기 어렵기로 소문이 자자하다.

---

2 7,000여 개의 섬으로 이루어진 필리핀공화국Republic of the Philippines은 크게 세 개의 지역으로 구분된다. 마닐라가 위치한 본섬이자 가장 크기가 큰 루손 섬Luzon Island과 두 번째 섬인 남쪽의 민다나오 섬Mindanao Island 그리고 제2의 도시인 세부를 비롯해 아름다운 해변을 자랑하는 관광지들이 다수 모여 있는 섬들의 집합인 비사야스Visayas가 그것이다.

찻길 너머 인도에는 갖은 종류의 행상들이나 필리핀의 국화인 쌈파기타Sampaguita Flowers 꽃장식을 들고 구걸을 하는 거리의 아이들을 심심찮게 볼 수 있다. 게다가 번듯하게 지어놓은 쇼핑몰과 다리들 사이사이로 도시 빈민의 거주지인 슬럼이 불현듯 시야에 들어오곤 한다. 마닐라에서는 빈민 거주지가 한국에서처럼 게토화되어 있기보다는 곳곳에 산재하고 있기 때문에 조금만 유심히 보아도 가난의 풍경이 이 도시의 일상의 많은 부분을 차지하고 있음을 확인할 수 있다.

필리핀은 이처럼 관광객을 부르는 해변의 풍경과 일상이 되어 버린 슬럼의 가난의 풍경이 공존하는 나라이다. 이처럼 극과 극의 공간적 속성이 공존하는 나라 필리핀을 영화라는 대중매체는 어떻게 그리고 있을까? 이 글은 가깝지만 여전히 잘 모르는 아시아 이웃국가 필리핀의 숨은 이야기를 영화라는 매체를 통해 대중들과 공유하려는 목적으로 쓴 것이다. 개인의 선호라는 매우 자의적 기준이기는 하지만 필자가 선택한 총 세 편의 영화는 각각 필리핀을 설명하는 두 개의 키워드인 '관광 낙원'과 '빈곤이 만연한 슬럼가'를 공간적 배경으로 삼고 있다.

우선 관광 낙원으로서의 필리핀이라는 나라를 체험해 볼 수 있는 영화는 2008년 강철우 감독이 연출한 〈로맨틱 아일랜드〉라는 작품이다. 이 영화는 각각의 이유로 필리핀 행 비행기에 승선한 한국인 세 커플이 아름다운 휴양지 보라카이 섬의 해변을 배경으로 사랑에 빠지는 이야기를 담고 있다. 이 영화에는 필리핀 정부가 보여주고자 할 만한 아름다운 아열대 해변의 풍광이 가득 담겨 있다. 마치 극장을 찾은 관객들을 잠재적인 여행상품 고객이라고 생각하고 홍보물을 보여주듯이 말이다.

다음으로 필리핀의 빈곤과 슬럼의 현실을 살피기 위해서 선택한 두

편의 영화는 필리핀 영화의 뉴웨이브를 선도하는 브리얀테 멘도사 Brillante Medoza 감독의 〈입양아Foster Child(John John)〉(2007)와 〈새총Slingshot(*Tirador*)〉(2007)이라는 두 작품이다. 두 영화 모두 2007년 제 12회 부산국제영화제(BIFF)에서 '아시아 영화의 창窓' 부문에 초청된 작품들이고, 멘도사 감독은 이 자리에서 그 해 부산국제영화제 운영위원회가 신설한 아시아영화펀드(ACF)의 첫 번째 지원대상자로 선정되었다. 그는 이 자금을 통해 준비 중이던 차기작을 완성할 수 있었고, 그렇게 완성된 영화 〈서비스Severice(*Serbis*)〉는 다수의 국제영화제에 초빙되면서 호평을 받기도 했다.[3]

영화는 처음 발명된 그 순간부터 시간의 서사를 대표하는 문학과는 달리 공간의 서사를, 움직이는 영상으로 구축해 온 것으로 평가되는 매체이다.[4] 또한 영화는 그 어떤 매체보다 공간과 지역의 속성을 예리하게 포착하는 것을 차별점으로 삼아 왔다고도 볼 수 있다. 그래서 어떤 이는 영화를 일컬어 편안한 의자에 앉아 다양하고 종종 지리적으로 멀리 떨어져 있는 공간으로 관객들을 데려가는 일종의 '가상 여행virtual tour'이라 설명하기도 했다.[5] 세 편의 영화를 직접 보는 것에는 미치지 못하겠지만, 이 글을 통해 나는 이 영화들이 그려내는 필리핀의 두 얼굴을 이 영화가 담고 있는 공간적 특성을 중심으로 안내하고자 한다.

---

3 〈서비스〉는 에로영화 동시상영관인 '패밀리'를 운영하는 한 가족의 이야기와 극장 안에서 게이 손님에게 성적 서비스를 제공하는 속칭 '서비스 보이'의 일상과 갈등을 담은 영화로 2008년 제61회 칸 국제영화제 공식 경쟁부문의 초청작으로 선정되면서 뤼미에르 대극장의 초대형 화면을 통해 전세계 영화팬과 만난 바 있다.

4 송미선·류철균, 「2000년대 영화의 장소 기반 서사 〈사랑해, 파리〉」, 『문학과 영상』 9(1), 2008, 111쪽.

5 A. C. Mendes, "Showcasing India Unshining Film Tourism in Danny Boyle's Slumdog Millionaire", *Third Text* 24(4), 2010, p.475.

글이 끝날 때쯤 이 영화들에 대한 관심이 더 확장되어 영화가 그려낸 경관과 그 안에 담긴 사람들의 숨은 이야기에 대한 호기심과 상상력이 솟아나기를 기대하는 것은 글쓴이의 소박한 희망이다. 먼저 익숙한 한국 배우들이 안내하는 열대의 낙원의 풍광으로 들어가 보자.

2. 겨울에 더 가보고 싶은 관광 낙원, 보라카이

필리핀을 주요한 로케이션 장소로 활용한 한국영화 〈로맨틱 아일랜드〉는 일반적인 관광객들이 기대하는 필리핀의 모습, 혹은 필리핀이란 국가의 관광산업이 만들어내는 대외적 국가 이미지를 가장 전형적으로 드러낸 영화이다. 2008년 크리스마스 시즌을 겨냥해 개봉한 이 로맨틱 코미디 영화는 필리핀 최고의 관광 목적지로 꼽히는 아름다운 섬 보라카이를 배경으로 마치 화보와 같은 장면들을 연출하였다.

그래서일까. 영화에 대한 정보를 찾기 위해 포털사이트에서 검색을 해보면 감상 후기의 상당수가 영화 내용에 대한 평가에 있어서는 좀 비현실적이어서 기대 이하였다는 평이 다수를 차지하고 있지만, 작품성에 대한 평가를 떠나서는 필리핀 관광청의 홍보영화라 해도 무방할 만큼 영화 속에 등장하는 필리핀과 보라카이의 아름다운 모습들을 친절하게 보여주고 있었다. 그 겨울 이 영화를 봤을 사람들은 영화 내용에는 실망했을지언정 대륙의 찬 기운이 뼛속까지 파고드는 차가운 한

영화의 시작과 끝에 나오는 필리핀 관광청의 광고판. 영화 〈로맨틱 아일랜드〉의 한 장면.

국 땅을 떠나 보라카이의 아름다운 바닷물에 몸을 담그고 싶다는 유혹은 상당히 느꼈을 법하다.

1) 영화 속으로

영화의 내용은 한 문장으로 요약할 수 있을 만큼 아주 간단하다. 우연한 기회에 서로 다른 이유로 필리핀에 가게 된 세 커플이 필리핀의 아름다운 휴양지인 보라카이의 해변을 배경으로 사랑에 빠져 삶의 의미를 되찾게 되는 이야기이다. 한국의 겨울과는 사뭇 다른 열대의 태양 아래 해변까지 무작정 떠난 영화 속 인물들은 우리를 낯선 천국 보라카이로 데려간다.

주인공들이 필리핀에 도착한 이유는 제각각이다. 냉철하고 타협할

줄 모르는 투자회사 CEO 재혁(이선균 분)은 어릴 적 인연이 끊기고 필리핀으로 떠난 아버지의 사망 소식을 접하고, 고졸 학력에 중소기업 경리로 일하는 사무직 노동자 수진(이수경 분)은 집안의 경제적 걱정과 직장에서의 갑갑함에서 도망치기 위해 수년치 적금을 털어 첫 해외여행을 떠나온 참이다. 영문학과를 졸업했지만 영어 면접에서 번번이 떨어진 정환(이민기 분)은 여행사 직원인 친구를 믿고 무작정 필리핀으로 향했고, 그와 사랑에 빠지게 되는 가영(유진 분)은 한국 최고의 섹시 여가수이지만 가창력 비판과 스캔들이 연달아 터지는 상황에 못 이겨 필리핀으로 도피성 잠행을 떠나왔다. 세 번째 커플은 결혼식 없는 결혼생활을 10여 년째 유지하고 있는 소박한 부부인 중식(이문식 분)과 연숙(이일화 분)이다. 평생 가정과 아이들을 위해 하루도 쉬지 못하고 달려온 이들 부부는 신혼여행 때도 못해본 생애 첫 해외여행을 떠나온 참이다. 그런데 첫 여행에 들떠 있는 부인에 비해 남편은 내내 어딘지 불안하다. 사실 이들의 여행은 뇌종양 판정을 받은 남편이 수술 대신 사망보험금 3억을 가족에게 남겨주고자 스스로 죽을 자리를 찾아 마지막 여행지로 필리핀을 선택한 것이다.

영화는 달콤한 로맨틱 코미디의 장르에 부합하기 위해 이 세 커플의 알콩달콩한 데이트 장면들을 보여주며, 현실에서 전혀 무관하게 살아온 타인이었던 서로에게서 사랑의 감정이 싹 트는 과정을 잘 보여준다. 그런데 펀드회사의 대표인 재혁과 고졸의 평범한 수진의 러브스토리와 화려한 스타인 가영과 백수 정환의 사랑이라니. 한국의 일상에서는 이루어지기 힘든 관계들이지 않은가. 게다가 여행지에서의 우연한 만남은 이들의 일상인 찬 기운이 여전한 겨울의 한국으로 되돌아와서도 계속 유지된다. 그런 점에서 이 영화는 다수의 영화평이 지적하듯 개연성이 떨어지는 '로코물'임에는 틀림이 없다.

어찌 보면 낯선 곳에서 만나 사랑에 빠지는 이야기는 모든 여행자들이 한 번쯤은 꿈꿔봤을 일종의 로망이다. 게다가 그 로맨스가 무르익는 장소는 원초적인 느낌이 물씬 베어나는 낯선 이국의 해변이었고, 그들이 함께 한 시간은 크리스마스와 새해맞이 행사를 앞두고 있던 한 해의 끝자락이었다. 태양마저 더 뜨거운 그곳, 다섯 색깔의 바다를 볼 수 있다는 그곳에서 이들은 자신들의 의식세계를 겹겹이 싸고 있는 사회적 외피와 시선들을 다 벗어 던져버리고 그냥 한 남자, 한 여자의 좋아하는 마음만 남겨서 이를 그대로 표출했던 것이다.

2) 보라카이 섬과 관광

보라카이의 위치[6]

이 영화의 배경이 되는 보라카이는 어떤 곳일까? 이 영화가 촬영된 보라카이 섬은 필리핀에서도 가장 아름다운 휴양지로 손꼽히는 곳으로, 낯선 설렘으로 가득한 탈일상과 낙원의 나른함을 선사하는 곳이라는 장소성을 강하게 풍긴다. 앞서도 잠깐 언급했듯 이 영화는 필리핀 관광청의

6 출처 : http://www.niginigiboracay.com/maps.html

협조로 제작된 만큼 장면 하나하나가 여행책자에서 방금 튀어나온 듯한 아름다운 풍광을 상영시간 내내 보여준다. 심지어 이들이 도착한 마닐라 공항과 가영과 정환이 어설픈 영어 때문에 도착한 마닐라의 뒷골목마저도 그리 위험하거나 지저분해 보이지는 않는다. 특히 영화의 주된 배경이 된 보라카이는 필리핀이라는 국가와 한국의 관광자본이 여행을 꿈꾸는 이들에게 보여주고자 하는 이미지, 그것도 가난한 소시민 중식의 입을 빌어 '일생에 한 번쯤은 가보고 싶은 낯선 천국'의 모습을 갖추고 있다.

7,000여 개의 섬으로 이루어진 필리핀 제도 안에서도 보라카이는 손꼽히게 아름다운 섬이다. 보라카이는 수도 마닐라에서 남쪽으로 315km 떨어진 파나이 섬의 아클란 주Aklan Province에 속한 1,006ha 면적의 열대 섬이다. '가루처럼 고운' 백사장이 7km나 길게 뻗어있는 것으로 유명한 보라카이는 2008년 기준 634,363명의 관광객이 방문하였고, 공식적인 약 1,166만 페소, 우리 돈으로 약 30억 원의 관광수익을 올린 것으로 보고되었다.[7]

1970년대 서구의 배낭여행객들에 의해 '발견'되기 전까지 보라카이는 이 섬의 선주민인 아띠 족Ati People으로 구성된 어촌 마을 서너 개가 존재하는 오지의 섬이었다. 1970년대 베트남전쟁을 배경으로 한 헐리우드 영화 〈불타는 전장Too Late the Hero〉 중 군인들의 휴양지로 잠시 소개되기도 했지만, 1980년대까지는 여전히 배낭여행객들 사이에서 유명하고 값싸게 다녀올 수 있는 여행지로만 알려져 있었다. 1980년

7 DOT, *Boracay Island Comprehensive Land Use Planning (CLUP)* – Volume I Boracay, Philippines : Department of Tourism, 2008, p.5.

대 후반 본격적으로 관광지로 개발되기 시작한 이래로 보라카이는 '아시아의 진주'라는 찬사를 얻을 정도로 유명한 국제적인 관광명소로 떠올랐다. 특히 1995~1996년 사이에는 관광객 증가율이 100%를 넘어설 정도로 유명세를 치르기도 했다.

하지만 무분별한 관광개발로 인해 다양한 문제들이 발생했다. 보라카이는 종종 급속한 해변관광 개발이 가져온 바람직하지 않은 결과의 대표적인 사례로 관광관련 학자들 사이에서 회자되곤 한다. 해변 관광지의 생명은 방문객들을 유혹할 만한 자연적인 해안환경의 매력도에 전적으로 의존한다. 하지만 거주인구 1만 명 내외의 작은 섬에 매달 현지인 수의 1.5~2배에 달하는 외부 관광객들이 찾게 되면서 섬의 환경은 급속도로 쇠락하게 되었다. 대표적으로 1997년 한 조사에서 보라카이 해변에서 검출된 대장균의 수치가 기준치를 넘어서는 환경문제가 발생하면서 난개발로 인한 다양한 문제점들이 공식적으로 노출되기 시작하였다. 몇 달 새 관광객의 70%가 감소하면서 수질관리의 필요성을 주장하고, 허용가능한 방문객의 수를 조절해야 한다는 요구가 빗발쳤다. 이 외에도 현지인들의 삶과는 괴리된 관광개발로 인해 주로 어업에 종사하던 현지 주민들의 생활양식이 해체되는 등의 사회적 문제도 부각되었다.

이러한 문제를 겪으면서 아클란 지방정부government of Aklan province와 필리핀 관광청Philippine Department of Tourism도 특별한 대책을 세우기 시작하면서 보라카이의 '지속가능한 관광'을 위한 다양한 계획들이 입안되고 관광지에 대한 다양한 관리규율들이 도입되기 시작하였다. 필리핀 정부는 2000년대 접어들면서 과거의 명성을 되찾게 된 보라카이 섬을 국가의 '보석'이라고 선언하였으며, 필리핀에서 '최고의 해변'으로 만들겠다는 계획을 발표하기도 했다.[8]

3) 보라카이를 사랑하는 한국인?

필리핀 관광청이 발표한 보라카이 관광 통계를 보면, 한국인들의 보라카이 사랑을 수치로 확인할 수 있다.[9] 2010년 보라카이를 방문한 관광객의 수는 779,666명인데, 비율로 보면 국내관광객이 60.8%, 해외관광객이 35.7%, 외국국적의 필리핀인Oversea's Filipinos(OFs)이 3.47%였다. 그런데 외국인 관광객들 중에서는 한국인들의 비중이 41%로 단연코 높았고, 타이완과 중국이 각각 22%와 16%로 그 뒤를 이었다. 비율상으로만 보자면, 보라카이를 방문하게 되는 100명의 외국인 관광객들 중에서 한국인이 41명이나 되는 셈인데, 이러한 수치는 필리핀 관광청의 입장에서 매우 흥미로운 사실이었던 듯 보고서에서도 다뤄지고 있다.

이 영화에 필리핀 관광청이 제작지원을 하게 된 까닭도 여기에 있지 않을까? 사람들이 여행길에 나서는 이유는 특정장소에서 누릴 수 있으리라 기대되는 특별한 즐거움을 추구하기 때문이다. 근대 이전의 사회에서 관광 — 보다 정확히는 탐험 형태의 여행이나 유목적 생활 자체 — 은 자연발생적이고 소규모의 개별여행의 형태를 띠었다면,

---

8 *ibid.*, pp.35~37.

9 필리핀 통계청 자료 http://www.nscb.gov.ph/ru6/FS-Tourism-Boracay2011.htm.

근대 이후의 관광은 관광객을 모집하고 관광을 대중적으로 조직하는 특정 주체가 등장하면서 대중화될 수 있었다. 한국의 해외여행은 전형적으로 이러한 경로를 따른다. 관광 연구의 독보적인 선구자 존 어리John Urry에 따르면, 관광객의 관광목적지를 결정은 단순히 개인의 특정관광지에 대한 인지도와 선호에 따라 결정되는 것이 아니라 특정한 사회적 권위와 시선이 구조화해 놓은 사회적 상상력의 한계 속에 위치한다. 예컨대 관광을 결정하는 권위와 관광객들에게 권장되는 시선tourists' gaze는 국가나 관광자본에 의해 결정되는 것이 일반적이다. 특히 현대의 단체관광mass tourism은 개개인의 주체적인 활동에 의해 장소를 경험하는 것이 아니라 관광가이드나 다양한 에이전트agent에 의해 천편일률적으로 행해지는 수동적인 경험이 되는 경향이 심화되고 있다.

최근엔 개개인의 관광 경험을 조직화하는 관광 자본의 영향력이 수면 아래의 조용한 개입을 넘어서 간접광고Product Placement(PPL)[10]의 형태로 영화의 전면에 배치되는 사례가 점점 많아지고 있다. 국경을 넘어서 경쟁범위를 세계로 확장해 가는 관광기업들에게 주요 관광지를 배경으로 한 영화나 드라마의 제작후원과 공식적인 PPL은 효과적인 마케팅 수단으로 인식하고 있기 때문이다. 이 영화를 불편해하는 관람객들의 반응을 살펴보면 필리핀 관광청의 공식적인 제작후원 외에도 보라카이 관광을 대표상품으로 소개하는 국내의 한 여행사와 카메라회사 등의 후원으로 인해 영화 장면 곳곳에서 관련 회사의 로고나

---

10 영화나 드라마 화면에 기업의 상품을 배치해 관객들의 무의식 속에 그 이미지를 자연스럽게 심는 간접광고를 통한 마케팅 기법.

제품명이 눈에 거슬릴 정도로 노출되고 있다는 지적이 반복되고 있다. 2000년대 중반 이후 한국이 보라카이 관광의 최대 수요처로 떠오르는 과정이 이 영화 제작의 메커니즘 안에도 녹아있음을 확인할 수 있는 대목이라 하겠다.

4) 한국 관광(영화)의 한계 – 현지인의 삶은 어디에?

이 영화는 한국영화로서 해외촬영에 전적으로 기대고 있는 드문 사례이지만, 필리핀에서 촬영된 영화치고 이 영화에는 필리핀인들이 거의 등장하지 않거나 등장하더라도 관광지 풍경과 마찬가지고 소위 '병풍'의 역할을 담당하고 있을 뿐이다. 대부분의 장면이 주인공들이 이동하는 경로에 따라 관광경관에 포커스를 맞추고 있기 때문에 그 안에서 생활하고 있는 사람들이 소외되고 있는 것이다. 한국인 관광회사가 기획하고 한국인 관광가이드가 안내하는 보라카이에서 주인공들이 현지인을 만나는 시간과 장소는 절대적으로 제한된다. 소위 깃발단체여행의 전형적인 특징으로 여행지에서 현지인의 삶을 엿보기보다는 현지인의 공간으로부터는 철저히 격리된 과보호의 상태에서 관광지 주유周遊와 인증샷 찍기와 같은 수동적인 행동이 관광의 전부가 되는 것이다.

이 영화에서 등장하는 주요 필리핀 사람은 재혁의 이복동생과 무책임한 삼촌 때문에 청부살인의 업무를 떠안은 열 살 남짓한 꼬마 남매 정도이다(게다가 재혁의 이복동생 역시 한국말을 아주 유창하게 소화하는, 얼굴색

이 약간 짙은 혼혈 여성으로 한국 여배우가 연기하였다). 두 선남선녀 커플 외에 영화의 또 다른 축을 담당하는 중식이 처음이자 마지막 여행지로 보라카이를 택한 이유는 사고사로 위장된 자살을 감행하기 위함이었다. 필리핀 도착 후 다양한 방식의 자살을 시도하지만 그 자신의 소심한 성격과 아내의 비의도적인 방해로 번번이 기회를 놓친 그는 필리핀 해결사의 도움을 받아 보라카이의 마지막 밤에 자신을 죽여줄 사람을 찾아 나선 길이었다. 중식은 아내의 사랑고백 후 자살 대신 더 살아야겠다는 마음을 고쳐먹지만 여행 마지막 날까지 보라카이에서 마주치는 모든 필리핀인들은 중식에게 잠재적인 청부살인업자인 셈이다. 물론 크리스마스와 연말연시를 기념하기 위해 천사날개 장신구를 달고 다닌 꼬마가 진짜 청부살인을 감행했을 리는 없다. 여행의 마지막 날이자 한 해의 마지막 날 밤 해변 파티에서 꼬마는 마침내 중식을 찾아내고 그에게 총을 겨누지만 그 총은 총알 대신 색종이를 담은 장난감 총이었고 소년의 입에서 나온 말은 "Happy new year!"라는 축하의 인사말이었다.

5) 아쉬움은 있지만 자연의 선물은 여전하다

열대의 해변에서 맞이하는 크리스마스와 연말연시의 들뜬 분위기는 대낮처럼 밝게 밤하늘을 수놓는 불꽃놀이에서 절정에 이른다. 여행을 낯섦과 익숙함이 교차하는 엇박자의 리듬이 만들어내는 호기심의 탐구라고 할 때, 이 영화의 낯섦과 익숙함은 한국인과 한국인 사이

바닷가에서 필리핀 식으로 치러진 중식-연희의 결혼식. 영화 〈로맨틱 아일랜드〉의 한 장면.

보라카이 섬의 전경

보라카이 화이트 비치의 석양. 영화 〈로맨틱 아일랜드〉의 한 장면.

에서만 왕복하고 교류한다. 한국인 주인공들 사이에서도 계급과 유명세와 직업적 차이로 인한 문화적 차이가 없는 것은 아니지만, 이 영화에서는 현지인과의 조우에서 기대되는 서로 다른 문화 사이의 마찰과 교호작용은 끼어들 여지가 없었다.

처음 영화를 보는 동안엔 선남선녀의 사랑 이야기에 흥미를 가졌지만, 두세 번 영화를 반복해서 시청하고 영화 내용을 되새기면서 나는 10년 이상 함께 살아온 중식과 연희 부부의 스토리에 공감을 느끼게 되었다. 중식은 삶을 마무리하기 위해 찾아 온 이 이국의 섬에서 다시금 살고 싶다는 희망을 찾는다. 그는 아내가 몰래 준비한 10년 만의 결혼식을 거행하는 과정에서 새롭게 생명의 에너지를 되찾게 되었지만, 그 과정을 함께 만들어 준 필리핀인 사제司祭와 꼬마 화동花童들, 그리고 결혼식이 거행된 해변의 아름다운 자연의 기운이 그에게 다시 살고 싶다는 욕망을 되찾게 만들어 준 것이라 생각된다. 사람들이 자주 찾는 관광지에는 이미 구조화된 상투적인 스토리와 경로가 존재하지만 그러함에도 불구하고 그 공간을 계속해서 찾게 만드는 힘은 바로 원초적이고 이국적인 자연이 가진 힘이 있기 때문일 것이다. 이 공간이 선사하는 상투적임에도 계속 찾게 만드는 낙원의 정서는 앞으로도 지속적으로 보라카이를 찾게 만드는 원동력이 될 것이라 생각된다.

3. 적나라하거나 혹은 진솔하거나, 현지인의 삶을 볼 수 있는 마닐라의 슬럼

1) 국제무대가 먼저 주목한 브리안테 멘도사

2008년 아시아 영화의 흐름을 이야기하는 데 필리핀 영화의 성장을 빼놓을 수 없겠죠! 필리핀은 수년간 정부 차원의 독립영화 지원이 이루어져 이제 그 꽃을 피우기 시작했는데요. 지난해 영화 〈입양아〉와 〈새총〉으로 부산을 방문해 많은 팬을 확보한 브리얀테 멘도사 감독이 신작 〈서비스〉를 들고 또 한 번 바다를 건너왔습니다.

—『2008년 부산국제영화제 뉴스레터』 아주담담 소개글 중에서

올해 피프의 수확은 단연 브리얀테 멘도사의 〈새총〉이다. (…중략…) 브리얀테 멘도사가 '절망'을 이야기하는 것이 아니라 '일상'을 이야기한다는 점에서 이 작품은 매우 충격적이다.

—2007년 프로그래머 김지석의 노트, 『Cine21』 중에서[11]

역사적인 측면에서 필리핀 영화는 100여 년의 역사를 자랑할 만큼 동남아시아에서 가장 오래되고 풍부한 전통을 지녔다. 하지만, 1990년대 이래로 직수입된 할리우드 영화나 대중들에게 보다 친숙한(그리고 저렴한) 영상매체인 TV 드라마들과의 경쟁 그리고 불법 DVD 유통망

11 http://m.cine21.com/movie/info/movie_id/23748

의 확대로 인해 필리핀 영화는 침체일로에 접어들고 있었다. 1998년까지만 해도 필리핀에서 제작된 상업영화의 편수는 150여 편에 달했지만, 6년 후인 2004년에는 그 수가 3분의 1인 50여 편으로 감소될 정도로 필리핀 영화계의 사정은 어두워졌다.[12]

제13회 부산국제영화제(2008)를 다시 찾은 멘도사 감독13

하지만 2000년대 중반 이래로 필리핀의 젊은 영화 제작자와 감독들은 상업영화와는 다른 방식으로 제작된 인디영화를 통해 새로운 길을 모색하기 시작했다. 이들은 현대 영화기술의 비용 면에서의 경쟁력, 즉 디지털 방식으로 영화 제작비를 절약하고, 필리핀 사회의 현실을 담은 리얼리즘 계열의 영화를 든 채 국제영화제와 직접 소통하는 우회로를 발견한 것이다. 브리얀테 멘도사 감독은 이러한 필리핀 영화의 뉴웨이브의 선두에 서 있는 신예감독이다. 광고감독이라는 직업을 뒤로하고 45살이란 적지 않은 나이였던 2005년 그는 〈마사지사The Masseur(*Masahista*)〉라는 영화로 데뷔를 하는데, 그의 첫 영화는 로카르노 국제영화제에서 디지털 경

12 A. Tioseco, "Shifting agendas – the decay of the mainstream and rise of the independents in the context of Philippine cinema", *Inter-Asia Cultural Studies* 8(2), 2007, pp.298~299.

13 자료 제공 : 부산국제영화제

빈민가에서 영화촬영 중인 멘도사 감독14

쟁부문에서 황금표범상 수상의 영예를 얻었다. 그의 이러한 성취는 국제영화계에서 필리핀 영화에 대한 새로운 주목을 이끌어냈을 뿐 아니라 필리핀 현지에서도 인디영화의 붐을 불러일으키는 도화선이 되었다고 평가된다. 2005년 한 해에만 필리핀에서 발표된 인디영화의 제작편수가 상업영화의 두 배를 넘어서게 된 것이다. 2007년 그가 제작한 두 편의 영화를 동시에 초청하기도 한 부산영화제와 멘도사라는 걸출한 감독의 만남은 상호간에 도움이 되는 윈-윈의 만남이었다. 멘도사 감독은 부산국제영화제의 지원을 바탕으로 새로운 영화 제작에 필요한 펀딩을 얻을 수 있었고, 부산국제영화제는 아시아의 창과 뉴커런츠 부문을 통해 변방으로 분류되던 아시아의 숨은 영화와 재기 넘치는 영화감독들을 발굴하고 이들이 세계와 소통할 수 있는 창구를 제공함으로써 지역(부산)과 아시아와 세계를 연결하는 명실상부한 국

---

14 출처 : 'The Helsinki International Film Festival – Love & Anarchy' http://hiff.fi/en/ohjaajat/brillante-mendoza-en/

제영화제로서의 위상을 높여갈 수 있었던 것이다.[15]

멘도사 감독의 영화에서는 핸드헬드 방식으로 빈민들과 경찰들을 따라 마닐라 슬럼의 좁은 골목을 빠른 속도로 훑으면서 마닐라 슬럼의 살을 날 것 그대로 화면에 담는 것으로 정평이 나 있다. 〈입양아〉와 〈새총〉에서도 그의 이러한 카메라 기술이 잘 드러나는데, 이 두 영화는 마닐라의 구도심인 올드 마닐라Old Manila[16]의 산타메사Santa Mesa와 끼아뽀Quiapo의 슬럼 지역에서 다큐멘터리 영화처럼 촬영되어 빈민가의 삶을 생생하게 전달하는 데 집중한다.

2) 영화 속으로 1—슬럼의 이상하고 끈끈한 가족이야기 〈입양아〉

〈입양아〉는 슬럼가라는 공간적 배경과 크리스마스 시즌이라는 시간적 배경은 유사하지만 같은 해 제작된 〈새총〉에 비해 훨씬 온건한 슬럼가의 모습을 담고 있다. 이 영화의 시작은 마닐라 만에서 바라본 듯한 마닐라의 원경에서 시작된다. 스크린 가득 오르티가스Ortigas에서 마카티Makati까지 이어지는 마닐라의 현대적 스카이라인을 비추던 카메라가 대지를 향해 카메라를 끌어내리며 줌을 풀어 근경을 비추자

15 최병학, 「지역영화제로서 BIFF의 의미와 발전방향 – 세계화와 지역성 사이에서」, 『영화』 4(1), 2011, 11쪽.

16 우리는 필리핀의 수도 마닐라로 알고 있다. 하지만 한국으로 치자면 수도권에 해당하는 메트로 마닐라Metro Manila와 스페인 식민시기 이후 도시화의 기점이 된 올드 마닐라Old Manila를 구분할 필요가 있다. 실제로 메트로 마닐라는 약 636㎢의 면적에 인구 천만이 넘어서는 거대한 도시이다. 이 메트로폴리스는 크게 4개 권역으로 나눠지며, 보다 세부적으로는 12개의 시와 5개의 군municipalities로 구성되어 있다.

〈입양아〉의 포스터

그곳에는 높은 빌딩숲과 극적으로 대비되는 너덜너덜한 슬럼의 모습이 나타난다.

이곳은 영화의 주인공인 뗄마가 남편 다도와 세 명의 아들과 함께 살아가는 마닐라의 한 슬럼 마을이다. 〈새총〉이 보여주는 슬럼이 소소한 범죄들의 소굴이었던 것과는 달리, 뗄마네 가족은 싸움과 욕설이 난무하는 빈민가에서 드물게 가족 친화적이고 모범적인 가정이다. 뗄마는 좋은 옷을 입히지는 못하지만 아이들에게 때맞춰 끼니를 제공하고 공동 수도에서 아이를 씻겨가며 깨끗하게 관리하려 노력한다. 뗄마의 성정을 닮은 둘째 아들 유리도 슬럼가 옥상에서 새를 비롯해 다양한 동물들을 정성껏 보살피는 모습을 보여준다. 뗄마가 이렇게 살 수 있었던 것은 위탁모로 일하고 있기 때문이다. 사실 그녀가 정성껏 돌보는 세 살배기 아들 존존은 그녀의 친아들이 아니라 위탁기관이 해외 입양 전까지 가정에서 키워달라며 맡겨온 아이였던 것이다.

뗄마네 가족을 제외하고 영화 속에서 가장 비중 있는 역할을 담당하는 인물은 위탁기관의 직원인 비앙카이다. 멘도사 감독은 비앙카가 등장하는 장면을 〈새총〉의 첫 장면과 매우 유사하면서도 다르게 찍었다. 영화는 페디캅에 몸을 싣고 뗄마네 식구가 살고 있는 마을에 도착한 비앙카를 좇아가며 슬럼가 골목의 대낮 광경을 보여준다. 하지만 그녀가 찾은 골목에는 남자라고는 꼬마들뿐이고 다들 아이를 끼고 있거나 임신 상태에 있는 가난한 입성의 여성들이 즐비하다. 입양기관의 직원으로 엄마와 아기들에게 관심이 많은 비앙카는 만나는 여성마다 이름을 부르며 인사를 건넨 후, 위생을 강조하거나 의례적인 축복의 말을 전달한다. 한 젊은 엄마를 보며 "또 임신 했어요? 농구팀을 만들고도 한 명이 남겠네요!"라고 아는 척을 할 정도로 이 지역 가정들의 집안 사정을 잘 파악하고 있기도 하다. 골목을 돌아 돌아 그녀가 다다른 곳은 바로 뗄마의 집이다. 뗄마에게 존존의 입양의사가 있는 미국인 부부가 필리핀에 입국했다는 소식을 전하기 위해서이다.

통상적으로 위탁모와 입양을 원하는 해외 가족의 만남은 입양기관에서 이루어지진다. 하지만 비앙카는 약속 날 유리와 더불어 존존에게 가장 좋은 옷을 입혀 입양기관을 찾은 뗄마를 마카티의 호텔로 데려간다. 입양가족이 사정상 기관에 나올 수 없었기 때문이었다. 그들이 머물고 있는 화려한 호텔까지 택시를 타고 EDSA 길을 따라 이동하는 과정은 필리핀 사회의 빈부 격차의 심각성을 그대로 노출시킨다. 앞서도 말했듯, 필리핀에서 슬럼가는 게토화 되기보다는 너무도 자연스럽게 도시 곳곳에 스며들어 있다. 집단으로 존재하는 슬럼가 말고도 도로변, 다리 아래에 널빤지나 박스로 얼기설기 벽을 친 스쿼터들의 모습도 스쳐가는 풍경의 일부로 카메라에 담겨지기도 한다. 마침내 도착한 호텔에서 뗄마와 비앙카 일행을 처음 맞이한 사람들은 장총을 찬 사설 경호원과 필리핀식 정장을 입은 호텔 직원들이다.

사설 경호원들에 의해 보호되는 마닐라에서 가장 화려한 도심 마카티와 뗄마네 가족이 거주하던 슬럼가와 명백히 대조적이다. 경관뿐 아니라 그 안에서 연기하는 캐릭터들의 행동도 마찬가지로 대조적이다. 누구나 예상하듯 화려한 호텔과 어울리지 않는 뗄마와 유리의 입성과 허둥대는 행동은 인자한 미국인 가정이나 전문 직업인의 자세로 입양 과정을 중개하는 비앙카는 너무도 다르기 때문이다. 비앙카를 먼저 떠나보낸 후, 잠들 때까지 존존을 안고 있다가 미국인 남편으로부터 택시비를 받아 나온 뗄마는 연신 흐르는 눈물을 참지 못한다. 뗄마는 가방 속에서 전해주지 못한 손수건을 발견하고 이를 전해주겠다고 호텔로 발길을 돌리지만, 크리스마스 직전의 북적이는 마카티의 거리에서 뗄마와 유리는 길을 잃고 헤맨다.

유리 : 여기가 아니에요? 어디로 가는 거예요, 엄마?

뗄마 : 가야 해, 가야 해, 손수건을 못 주고 왔단 말이야.

유리 : 호텔은 그 쪽이 아니란 말이에요.

뗄마 : 아니면 아니지 왜 나한테 화를 내!(울먹인다.)

유리 : 그러면 어디로 갈 건데요?

엄마 : 나도 몰라.

— **영화 〈입양아〉 중에서**

갑작스레 쏟아지는 빗속에서 결국 거리에 주저앉아 큰 울음을 터뜨리는 뗄마와 그 옆에 선 유리를 비추는 카메라가 줌 아웃되면, 그들의 뒤로 화려한 쇼핑몰이 드러난다. 크리스마스를 앞두고 화려하게 장식된 쇼핑몰의 유리벽에는 다음과 같은 문구들이 차례로 드러난다. '영원한 약속 아름다운 추억, 미래의 터전', '사랑으로 일군 가정', '사랑의 직감과 굳건한 사랑', '훌륭한 스승의 가르침'. 이러한 문구 안에 담긴 아름다움이 마카티의 광고판을 넘어 슬럼의 빈민 가정에게도 울림이 되는 것은 요원해 보이지만, 아시아 최대의 가톨릭국가 필리핀에서 가족의 가치를 강조하는 모습은 남달라 보인다.

영화는 위탁모인 뗄마의 일상과 입양 과정을 중심으로 진행되지만, 이 영화에는 일본으로 가정도우미로 나간 엄마와 이혼 후 아이를 입양 보내려는 아빠의 모습, 몇 년 전 뗄마의 손에 의해 길러지다 국내 입양이 된 아이를 길에서 우연히 만났지만 뗄마의 접근을 막아서는 가족의 모습, 존존 다음에 맡게 될 새로운 위탁아동을 확인하기 위해 비앙카와 뗄마가 함께 찾은 수녀원에서 운영하는 고아원의 모습도 간간히 소개되고 있다. 그런 점에서 이 영화는 일관된 스토리를 갖춘 드라마라기보다 필리핀의 아동복지 시스템의 문제점을 지적하는 다큐멘터리 영화로 해석될 수도 있을 듯하다.

3) 영화 속으로 2 – 쫓고 쫓기는 아수라장이 펼쳐진 슬럼의 일상

멘도사 감독의 핸드헬드 카메라 촬영기법이 돋보이는 영화 〈새총〉의 오프닝은 놀랍고도 굉장히 공을 들인 모양새다. 그의 카메라는 경찰의 기습을 쫓아 슬럼가의 깊은 골목을 달린다. 다급한 주민들의 대피를 알리는 목소리를 담으며 마닐라의 구도심 끼아뽀의 슬럼가의 어둠 내린 미로와도 같은 좁은 골목길의 소동을 다이내믹하게 보여준

〈새총〉의 포스터(영어 버전)

다. 경찰 도착보다 앞서 몇몇 휴대폰으로는 '경찰 기습'의 문자가 전달되고, 좀도둑들은 재빨리 장물로 보이는 구리선 다발을 감추고 문 앞에 도착한 경찰들은 거칠게 문을 두드린다. 술 마시고 있던 자, 마약하던 자, 섹스하던 자, 잠자던 자 할 것 없이 끼아뽀의 지쳐있던 남자들은 느슨한 밤에서 갑작스레 끌려나온다. 밤새도록 이어진 끼아뽀의 남성들을 괴롭히던 급습과 지명수배자 검거를 위한 소동은 서너 명의 수배범과 현장범을 잡아들이는 것으로 새벽녘에 마무리된다. 그리고 한 여성이 큰 소리로 외친다. "별 일 없을 거야. 타가사 님이 해결해 주실 거야." 그 다음날 아침 지역의 유력정치인인 타카사는 경찰서에 나타나고 별 후속 조치도 없이 잡혀 들어간 남자들은 석방이 된다. 그리고 이어지는 경찰과 정치인과의 대화는 전날의 슬럼 급습이 선거를 앞두고 이 유력 정치인의 정치력을 보여주기 위한 계획이었음을 드러낸다. 바야흐로 정치의 계절이 된 것이다.

이들과 함께 거리로 돌아온 카메라의 눈에는 어지럽게 나붙은 지역 정치인들의 선거 포스터가 난무하고, 한편에서는 곧 다가올 끼아뽀의 연중 최대 축제인 '블랙 나사렛 페스티벌'을 위한 준비가 한창이다. 하지만 카메라는 선거나 축제와는 거리를 둔 채 끼아뽀의 슬럼가에서 살아가는 좀도둑들, 도박으로 소일하는 사람, 마약 중독자, 갱단들의 일상을 그려내는 데 대부분의 시간을 보낸다.

영화는 온통 심란한 이미지들로 가득하다. 아이를 한 팔에 매단 채 담배를 피우며 부인과 말싸움을 하는 아빠의 모습이 대표적이다. 이 남편의 심란함은 여기에서 그치지 않는다. 그가 부인과 싸우는 이유는 거의 한 집에서 같이 살고 있는 또 다른 동거녀 때문이다. 사실 그의 부인과 또 다른 동거녀는 전날의 경찰 기습 때 이 남자가 잡혀가자 약간의 시차를 두고 "왜 내 남자를 잡아가느냐"며 경찰에게 따지러 나왔다 결국은 양자 간에 싸움을 벌이기는 광경을 보여주기도 한다.

이 동거녀를 둘러싼 또 다른 스토리라인도 등장한다. 그녀는 현 동거남과 짝을 이뤄 2인조 상점털이를 한다. DVD 플레이어를 판매하는 상점에 들어가 남자가 판매원과 흥정을 하는 사이 그녀는 다른 쪽에서 자신의 가방에 DVD 플레이어를 통째로 집어넣고 가게를 나설 준비를 한다. 다른 점원에게 걸린 그녀는 있지도 않은 아픈 아이의 핑계를 대며 눈물로 호소하고, 일을 크게 만들고 싶지 않은 점원은 약간의 실랑이 끝에 다시는 그러지 말라며 이 남녀를 보내준다. 그 소란을 겪은 후지만 그녀는 가게를 나오는 마지막 순간 점원들의 눈을 피해 결국은 원하던 DVD 플레이어를 가방 속에 다시 집어놓는 재주를 선보인다. 그녀가 이렇게 남의 물건에 손을 대서라도 돈을 벌고 싶은 이유는 틀니를 해 넣기 위해서다. 상점털이 파트너의 부인에 비해 더 나은 외모를 가지고 있는 그녀는 이유는 알 수 없지만 앞니가 없다. 며칠 후 그 동안의 장물을 처분한 그녀는 근사하게 틀니를 끼운 채 슬럼가에 나타난다. 그러나 그녀의 행복은 너무도 짧았다. 잠깐의 실수로 그녀

끼아뽀 성당의 블랙 나사렛상

는 새 틀니를 하수구에 빠뜨리고 파트너와 동네 사람들에게 틀니 좀 찾아달라며 울부짖는다. 하지만 슬럼의 미로와 같은 배관을 통과해 더러운 오니로 가득 찬 열린 하수구에 빠진 틀니를 찾기는 요원해 보인다. 그녀의 빈 앞니를 비웃으며 하수구 오물 속을 뛰어다니는 것은 그저 동네의 꼬마들뿐이다.

지역의 선거와 성축일 페스티발이 겹친 시기를 영화의 배경으로 삼은 멘도사 감독은 교회와 정치인들의 위선을 드러내는 것을 주저하지 않는다. 유권자인 슬럼가 주민들은 돈의 액수를 보고 정치인에서 줄을 서며 '블랙 나사렛 축제Black Nazarene Festival'[17]의 행진 때 일꾼으로 참여했던 한 아버지는 군중들에 떠밀려 압사 당한다. 경찰은 소매치기를 하다 나머지 용의자들의 행방을 좇는다는 명목 하에

17 올드 마닐라의 끼아뽀 성당에 안치된 신성한 힘을 가진 성물 블랙 나사렛Black Nazarene을 기념하기 위해 매년 1월 1일부터 9일 동안 치러지는 끼아뽀 지역의 대표적인 지역 축제. 끼아뽀 성당의 블랙 나사렛이란 나무 조각상은 멕시코에서 만들어질 당시엔 그다지 유명한 작품은 아니었다. 하지만 아카풀코에서 마닐라까지 이동 중 범선에서 일어난 큰 화재로 배의 대부분과 선적한 물품들의 상당수가 소실되었음에도 불구하고, 이 조각상은 얼굴 부분만 일부 그을렸을 뿐 거의 상처 없이 마닐라까지 도착하게 되었다. 이 이야기가 전해지면서 화재를 이겨낸 이 조각상은 신성한 힘을 가진 성물로 추앙의 대상이 되었다.
건축 당시 끼아뽀 성당은 세례자 요한에게 봉헌된 성당이었지만, 블랙 나사렛의 등장으로 성당의 최고 상징의 위치가 바뀌었다. 뿐만 아니라 이 블랙 나사렛의 신비로운 능력을 기념하기 위해 필리핀인들은 매년 1월 9일을 기해 화려한 축제를 벌인다. 이것이 필리핀 현지에서도 손꼽히는 '블랙 나사렛 축제'이다. 새해가 시작되자마자 9일 동안의 집단 기도회가 매일 개최되고, 이 기도가 마감되는 1월 9일에 축제는 정점에 이른다. 이 날은 일군의 남성들(초기에는 뱃사람들이 주로 참여하였다고 한다)이 70kg 정도의 조각상을 들고 행진을 벌이는데, 이 행진 동안 자신의 희망, 소원, 기적을 바라며 조각상에 손을 갖다 대려는 축제참가자들이 뒤엉켜 엄청난 혼잡이 일어나곤 한다.

홀로 붙잡힌 소년에게 고문을 가하고, 비슷한 시간 슬럼가에서는 단정하게 차려입은 선한 얼굴의 몰몬교 선교사들은 골목길 이곳저곳을 돌아다닌다.

멘도사 감독은 영화의 시간적 배경으로 지역 선거와 성주간 축일이 겹친 시기를 택함으로써, 교회와 정부라는 조직으로 비판의 화살을 돌린다. 유권자들은 후보들이 뿌리는 돈과 선물의 양에 따라 서슴없이 줄을 바꿔 타고, 슬럼가의 한 가장은 신성한 종교 행진의 과정에서 압사 당한다. 이 아버지의 원래 직업은 소매치기였다. 하지만 늙은 몸은 그의 손동작과 족적의 움직임을 더디게 만들었고 어느덧 그는 팀에서 방출된다. 생계 수단을 잃은 그 아버지는 축제날 조각상을 옮기는 패에 참여했다가 몰려드는 군중 때문에 압사 당하고, 아버지의 죽음을 전해들은 소년은 마을 상점 벽에 매달린 전화기를 통해 멀리 떠나 있는 엄마 — 아마도 그녀는 수많은 필리핀 여성들이 그러하듯 인근 아시아 국가 어디에선가 해외 가정부가 되어 있을 것이다 — 에게 아버지의 죽음을 전한다. 아버지의 장례식 이후 얼마만큼의 보상금을 받아들었지만, 소년은 그 돈을 어찌 써야할지 모른 채 동네를 어슬렁거리다 그의 아버지가 평소에 하던 대로 사소한 노름에 아버지의 죽음의 대가인 그 보상금을 밀어 넣는다.

영화의 마지막 장면에서 카메라는 종교를 강조하는 한 후보자가 마련한 대규모 미사의 와중에 소매치기를 하는 또 다른 소년의 모습을 비춘다. 사실 이 소년은 〈입양아〉의 뗄마 가족의 일원처럼 슬럼가에서는 보기 드물게 페디캅pedicab을 운전하며 자신의 노동으로 돈을 벌려고 노력하던 소년이었다. 그나마 근면하게 살아가려는 페디캅 운전수인 소년은 페디캅의 대여비를 제때 맞추지 못해 결국은 자신과 가족의 유일한 현금벌이 수단인 페디캅을 빼앗기게 된 것이다. 이 마지막 시퀀스에서 소년이 들고 있는 촛불이 클로즈업되고 그가 다른 이들과 함께 찬송가를 부를 때까지만 해도 이 소년만큼은, 아무리 어려운 사정일지라도, 뗄마네 가족들만큼 성실한 가족의 규범을 지켜주기를 관객들은 기대했을지도 모르겠다. 하지만 생계수단을 잃은 소년은 결국 슬럼가의 대다수가 그러하듯 다른 이의 뒷주머니에서 지갑을 꺼낸다. 화면은 암전되고 엔딩크레딧이 오르며 영화는 이렇게 끝이 난다.

4) 끼아뽀, 수련의 마을은 어떻게 슬럼이 되었나?

스페인인들이 마닐라를 식민지 수도로 선포하고 영구정착지를 건설하기 시작하기 전까지, 끼아뽀는 파식강과 운하와 습지가 뒤섞인 번성한 어촌 마을로 수변이 온통 수련水蓮으로 뒤덮인 아름다운 곳이었다고 한다. 이 지역의 이름도 바로 이 수련의 지역어 키아Kia에서 유래한 것으로 알려져 있다. 16세기 후반 이래로 끼아뽀에서는 더 이상 수련을 찾아보기는 어려워졌지만 대신 상업의 중심지로 번창하였다. 각종 상점과 극장에 상설 시장까지 갖춘 이 지역은 당시 식민지의 다양한 상업 활동으로 부를 축척한 신흥부자들이 화려한 주택과 맨션을 짓기 시작하면서 '일러스트라도스illustrados'라는 그림 같은 식민지 건축물들이 즐비한 아름다운 마을이었다.

끼아뽀 지역의 번성과 상업화의 이면에는 끼아뽀 성당과 블랙 나사

끼아뽀 성당의 전경

렛이 존재하였다. 블랙 나사렛은 1600년대 초반 한 가톨릭 신부가 멕시코 아카풀코로부터 가져와 끼아뽀 성당에 봉헌된 예수상이다. 실물 크기의 십자가를 지고 있는 목조 예수 조각상은 화재에서 살아남은 후 기적을 베푸는 능력을 가진 것으로 알려지기 시작했다. 처음엔 장거리 항해에 나서는 뱃사람들의 안녕을 기원하는 정도에 머물렀지만 시간이 흐를수록 사람들은 이 조각상에서 더 많은 것들, 예컨대 건강과 행운과 치유의 영적 힘들까지 기대하게 되었다.

하지만 오랜 식민지 경제의 피폐함과 몇 차례의 전쟁 그리고 1960년대 마르코스 독재 이후 하향 고착화된 정치경제적 후진화 과정에서 끼아뽀의 역사적 자산 역시 쇠락해갔다. 수차례의 화재와 지진에도 불구하고 끼아뽀 성당의 여전히 화려한 위용을 자랑하고 있지만, 인근지역의 쇠락은 어쩔 수 없었다. 끼아뽀 성당의 첨탑과 성당건물은 섬처럼 고립된 채 번잡한 시장과 연달아 있는 쇠락한 슬럼가들로 둘러싸여간 것이다. 성당 주변에는 성물이나 기도용 초를 판매하는 행상들로 언제나 북적인다. 하지만 바로 곁에서는 따갈로그어로 안띵안띵anting-anting이라 불리는 향수, 허브, 온갖 부적, 부두교의 주술 아이템을 파는 행상들이 나란히 서 있곤 해서, 독실한 가톨릭국가라는 필리핀 종교의 은근한 허점을 발견할 수 있기도 하다.

끼아뽀 성당 앞의 광장 너머에 위치한 끼아뽀 시장은 한국의 1960~1970년대 청계천 시장을 떠올릴 법한 마닐라의 대표적인 재래시장이다. 도로에는 자동차가 얽히고설킨 채 막혀 있고, 여러 형태의 가판대가 혼란하게 뒤엉켜 있는 모습은 세계 어디에서든 볼 수 있는 재래시장의 그것을 닮았다. 최근엔 번듯한 대형 쇼핑몰과 중저가 호텔이 들어선 번듯한 대형건물도 새롭게 건축되고 있지만, 마닐라의 구도심의 관문이 되는 끼아뽀 지역은 언제나 혼잡하고 시끄러운 장소로 유명하다. 이 시장은 일상적으로 필요한 각종 물품을 저렴하게 살 수 있는 곳이기도 하지만, 아기예수상과 마리아 상, 로사리오 같은 성물이나 기도용 초를 파는 사람들도 있지만, 바로 곁에는 가톨릭에서 금하는 각종 부적이나 심지어 부두교의 기념품을 파는 행상들도 동시에 찾아볼 수 있다. 시장의 곳곳에는 명품 모조품이나 짝퉁 물건이 거래되는가 하면, 오래된 극장의 티켓 창구 바로 옆에서 공공연히 불법 DVD를 판매하는 모습도 심심찮게 볼 수 있다.

일반적으로 단체관광객들에게는 절대로 가서는 안 되는 곳으로 인식되곤 하지만, 끼아뽀 시장은 모험심 가득한 여행자라면 한 번쯤 찾아볼만한 흥미로운 장소이다. 끼아뽀는 필리핀인의 독실한 신앙심과 합법과 불법의 경계를 무의미하게 만드는 온갖 상거래가 뒤엉켜 있는 제3세계의 초현실과 주변부 정서를 동시에 경험할 수 있는 독특한 장소이기 때문이다. 물론 '순진한 희생자'를 찾는 소매치기들의 주요 활동무대인 것은 사실이기 때문에, 끼아뽀 시장에 들어서는 낯선 방문객들은 반드시 가방을 앞으로 돌려 매라는 주의사항에 귀 기울여야 할 것이다.

5) 슬럼은 편재한다

그런데 끼아뽀의 슬럼이 마닐라에서 아주 독특한 장소라고 할 수는 없다. 앞서도 잠깐 언급했듯, 필리핀에서 빈민들의 거주지인 슬럼은 게토화되기보다는 도시 곳곳에 편재하고 있기 때문이다. 필리핀은 아시아에서 특히 슬럼 거주자들의 비중이 매우 높은 것으로 유명한 국가이다. 2010년 필리핀발전연구소Philippine Institute for Development Studies의 공식조사에 따르면, 마닐라의 추산 전체 도시인구의 37%, 수치로는 대략 4백만 명의 인구가 슬럼에서 거주하고 있는 것으로 파악되었다. 모든 슬럼 거주자가 가난한 사람들인 것은 아니지만, 필리핀 정부가 공식 발표한 수치만 보더라도 슬럼 거주자의 32% 정도가 빈곤선 이하(1인당 연간 소득 2만 페소 ≒ 약 52만 원 선)의 소득으로 생활하고 있으며, 국제 빈곤선의 기준인 1인당 1일 소득 1.25달러에 미치지 못하는 이들도 12% 정도로 집계되었다.[18]

더 큰 문제는 슬럼이 확대되는 속도에 있다. 메트로 지역에서 슬럼

인구의 증가는 연간 3.4%인데, 이는 필리핀의 평균 인구 증가율인 2.3%와 비교할 때 여전히 매우 높은 편이다. 이 상태가 지속된다면 2050년에는 메트로 마닐라 인구의 절반이 슬럼에서 살게 될 것으로 전망될 정도이다. 물론 이러한 슬럼의 확대는 전지구적 현상이다. 필리핀을 예로 들자면, 국가의 경제구조에서 있어 서비스 영역은 빠른 성장을 보이는 반면, 전통적인 농업과 각종 제조업은 정체되거나 후퇴하고 있다. 2009년 필리핀에서 서비스업이 차지하는 경제적 비중은 총생산의 82%, 고용의 66%를 차지하고 있다.[19] 대부분의 서비스 업종은 도시에서 이루어지기 때문에 도시로의 집중, 특히 수도인 메트로 마닐라로의 인구 집중은 불가피한 측면이 있는 것이다. 농촌은 농촌대로 계속되는 농지 전용의 확대와 농업부문의 세계적인 구조조정의 여파 때문에 농지와 생계수단을 잃은 농촌거주자들을 도시로 밀어내는 요인이 작동 중이기도 하다.

사실 수입 측면에서 보았을 때, 도시 빈민들의 사정은 농촌 빈민들에 비해 나은 편이다. 하지만 도시 빈민들을 괴롭히는 주요한 요인은 주거조건의 취약성에서 유래한다. 개발도상국의 제1도시들의 대부분은 인구의 빠른 성장을 감당할 준비가 되어 있지 않다. 도시의 인구가 늘어갈수록 각종 인프라와 기초 서비스에 대한 압박이 늘어갔고, 이는 슬럼으로 통칭되는 불량주택, 쇠락지구, 불법 점유자squatter의 확대로 이어진 것이다. 현재 마닐라에서는 인구 10명 중 한 명 꼴로 슬럼에 거주하고 있는 것으로 추정되는데, 더 큰 문제는 약 20%의 최하위

---

18 PIDS, *Linking Poverty and the Environment: Evidence from Slums in Philippine Cities*, 2010, p.2.
19 *ibid.*, p.3.

마닐라 끼아뽀 지역의 슬럼(파식강변 주변)20

빈민들이 수로, 제방, 철로변과 같은 열악한 슬럼지구에 거주하고 있다는 점이다.

이런 지역에 거주하는 빈민들은 열악한 거주 환경으로 인해 사실상 최소 소득의 대부분을 최소한의 생계비에 소요하며 환경 개선에 힘쓸 여력이 없다. 게다가 슬럼 거주자들에게 슬럼을 벗어난 대안은 존재하지 않는다. 도시 밖으로 나가면 주택 환경은 개선할 수 있겠으나, 수입 기회가 있는 도시 중심부로 이동하기까지 교통비를 감당할 수 없기 때문이다.

슬럼의 열악한 환경으로 인해, 이 지역의 빈민들은 언제나 다수의 환경 재난이나 건강상의 위해에 노출될 가능성이 높고 이는 언제든 빈곤선 아래로 추락할 수 있음을 의미한다. 슬럼을 빈곤과 범죄의 온

---

20 출처 : 필리핀의 일간지 『Inquirer』 (http://newsinfo.inquirer.net/249893/lim-clearing-of-manilas-informal-settlers-in-danger-zones-long-overdue)

상, 눈앞에서 없애거나 최소한 가려야 하는 것으로 보는 대신, 슬럼의 환경개선과 주민들의 자조활동을 위한 노력들에 집중해야 할 이유가 여기에 있다.

6) 작은 도둑만 겨냥하는 눈 먼 새총

부산국제영화제에서 〈새총Slingshot〉이란 번역어로 소개된 이 필리핀 인디영화의 따갈로그 영화명은 *Tiador*로, 이 말은 '좀도둑'을 의미한다. 이 영화의 배경이 되는 끼아뽀 지역은 실제로 마닐라 안에서도 복잡하고 지저분한 오래된 장소이자 소소한 날치기 범죄들이 자주 일어나는 것으로 유명한 장소이다. 영화를 보지 않고서도 슬럼을 생각하면 일반적으로 떠오르는 이미지가 있을 것이다. 낡아빠진 판잣집, 노출된 도랑에 쓰레기가 떠다니는 비위생적인 하수시설, 좁고 하릴없는 빈민들로 가득한 미로 같은 골목길, 웃통을 벗어버리고 낮술에 취해 있는 남자 어른들의 모습은 범죄와 일탈의 온상으로서의 슬럼을 드러내는 전형적인 이미지들이다. 이러한 슬럼의 일반적인 장면이 유사하게 반복되지만, 멘도사 감독의 영화 〈새총〉이 국내외의 평단의 호평과 함께 유명해진 것은 기존의 슬럼 영화들과 다른 지점이 있기 때문이다.

영화는 런닝타임 내내 흔들리는 프레임과 소음으로 가득 차 있어서, 영화 속의 인물들이든 이 영화를 보고 있는 관람객이든 잠시라도 숨을 돌릴 틈을 주지 않고 있다. 〈새총〉의 등장인물들은 개인이 어찌

〈새총〉의 또 다른 포스터(따갈로그어 버전)

해볼 수 없는 구조적인 가난의 덫에 걸린 불운한 사람들임에는 틀림이 없다. 그리고 이들이 살아가는 끼아뽀의 슬럼은 소매치기, 날치기, 마약상, 상점털이처럼 분명 법의 경계를 넘어서 범죄를 저지르는 사람들의 소굴처럼 비춰진다. 슬럼이 지닌 음산한 범죄의 분위기는 마닐라의 빈민들의 몸까지 스며들어 있는 것처럼 느껴지기도 한다. 그래서 한 학자는 영화에서 끼아뽀의 슬럼가라는 살아 숨쉬는 공간과 거주자들과의 상관성에 우리는 주목할 필요가 있음을 제안한다.[21]

하지만 가난은 단순히 개인의 삶의 한 단면일 뿐일까? 흔히 범죄와 부패의 현장으로 간주되는 슬럼의 사람들을 단죄하는 사람들은 어떠한가? 빈자들이 가난의 문화를 만들어 내고 그곳을 존속시키는 것은 단순히 그들의 몫인 것일까? 이 영화는 적어도 이 영화에서 발생한 소

21 L. Q. Israel, "Anatomy of a Decriminalising Locality-the Body of Manila's Slum Dwellers in the Film Tirador(Slingshot)", *Localities* 1, 2011, pp.218~219.

소한 죄들을 마땅히 처벌받아야 할 범죄로 그리지만은 않았다는 점에서 일반적인 슬럼영화들과 궤를 달리 한다.[22] 더 나아가 이들에게는 소소한 범죄와 일탈이 너무나 일상적이어서 이것이 그곳에서는 더 이상 범죄가 아닌 것, 정상적인 것처럼 보이게 만든다.

영화에는 이러한 빈민들의 일상을 구성하는 여러 겹의 진실들과 대비되는 장면들이 있다. 근사한 옷을 차려입고 가장 제대로 된 모습으로 카메라에 잡히는 이들이 그 장면의 주인공들이다. 수시로 슬럼가를 덮치는 경찰들은 영어를 구사하고 제복을 입었음에도 너무나 폭력적인 방식으로 슬럼가의 남자들을 추렴하고 불심 기습과 범죄자 색출이 끝날 즈음 도착해 무죄 방면과 동네를 위한 시설 보수에 쓸 기금을 약속하는 노회한 정치인의 존재는 경찰의 기습이 관례적이거나 혹은 이 정치인이 아량을 베풀 기회를 갖도록 사전에 약속된 것처럼 읽히게 만든다. 돈과 선물다발을 뿌리며 거짓된 공약을 외치는 난립한 정치지망생들과 성당 담벼락과 맞닿아 있는 슬럼가의 일상적인 빈곤은 그대로 둔 채 대축일을 맞이하여 신의 자비를 설파하는 목소리로만 존재하는 교회의 목소리는 또한 어떠한가? 설명이 필요 없는 극적 대비의 장면이 아닌가. 경중에 관계없이 범죄는 범죄이다. 그러나 잠재적 혹은 실제적 범죄자인 빈민들을 단죄하기 위해 혹은 이들의 표를

---

22 필리핀의 도시인류학자인 라바스틸라는 국제영화계에서 유독 슬럼영화란 한 장르가 주목받고 유명세를 얻는 현상에 대해 매우 비판적인 입장을 피력한다. 그녀는 빈곤을 소재로 한 필리핀의 인디영화의 상당수가 도시빈민에 대한 다양한 스테레오타입의 잡탕 그 이상이하도 아니라고 지적하면서, 필리핀 영화들이 국제영화제의 외국영화 마니아들의 시장을 겨냥하여 필리핀 빈민을 흥미롭게 그리는 데만 집중하고 있다고 일갈한다(S. Labastilla, "Poverty for Sale," *Social Science Diliman* 4(1-2), 2007). 그녀가 비판의 대상으로 삼은 영화는 다른 감독의 영화이기는 하지만, 필리핀 평단의 일부에서는 멘도사 감독이 그려내는 필리핀의 빈민가의 모습에 비판적인 태도를 가진 입장도 존재하고 있다.

구걸하기 위해 슬럼가를 찾는 이들과 비교할 때, 이들의 범죄가 과연 얼마나 큰 것인지 멘도사 감독은 우리들에게 되묻고 있는 듯하다.

멘도사의 카메라는 제3세계 빈곤의 곤란한 상황을 너무도 직접적으로 비추어 불편한 느낌이 없지 않다. 그의 카메라는 대단히 본능적이며 직관적으로 등장인물들을 비춘다. 가끔은 저렇게까지 적나라할 필요가 있을까 하는 지점까지 그의 카메라는 집요하게 따라붙는다. 하지만 그 불편함은 마닐라만의 것일까? 중산층이 사라지고 있으며 가진 자와 가지지 못한 자의 구분이 더욱 선명해지고 있는 오늘 이 땅 한국의 현실에서 그만큼의 빈곤과 그만큼의 갈등과 그만큼의 잔인함은 이 땅을 빗겨가고 있을 것이라고 과연 나는 말할 수 있을까? 생각할수록 감독의 물음은 제3자의 자리에 서 있는 관객을 넘어서 오늘을 살아가는 한국인들에게도 다시 질문되어야 할 것이라 여겨진다.

4. 영화 밖에서–지역의 소비? 지역과의 만남!

다큐멘터리 영화로서 〈입양아〉와 〈새총〉은 마닐라의 슬럼가 깊은 곳까지 카메라를 들이댄 일종의 인류학적 보고서라 할만하다. 등장인물들 중에는 전문배우뿐 아니라 일반인도 뒤섞여 있어 슬럼가의 생생함을 보여주기 충분했기 때문이다. 멘도사 감독이 필리핀의 슬럼가를 특유의 비판적인 시선으로 카메라에 담아냄으로써 꾸준히 국제적인 영화평단에서 주목을 받아 온 것은 주지의 사실이다. 하지만 상업적인 측면에서 그의 영화가 성공적이었다고 말하기는 힘들다. 그의 영화는, 한국의 소위 예술영화로 분류되는 감독들의 경우와 마찬가지로, 필리핀 국내보다는 국외에서, 대중들의 관심보다는 평론가들이나 소수의 마니아들을 중심으로 회자되곤 한다.

하지만 여기 슬럼의 현실을 가감 없이 다루었음에도 평단의 호평과 상업적 성공이라는 두 마리 토끼를 함께 잡은 영화가 있다. 영국의 저명한 감독 대니 보일Danny Boyle이 2008년 선보인 〈슬럼독 밀리어네어Slumdog Millionaire〉가 바로 그것이다. 아카데미 시상식에서 작품상과 감독상을 비롯 총 8개 부문에서 수상을 한 〈슬럼독 밀리어네어〉는 아카데미 외에도 2008～2009년 각종 영화제에서 무려 88개의 상을 수상하며 명실상부 최고의 영화임을 입증시켰다.

〈슬럼독 밀리어네어〉는 인도 슬럼가의 모습을 그 어느 영화보다 리얼하게 선보였다. 실제 인도 뭄바이와 그 변두리 지역을 포함하는 다라비Dharavi 지역은 세계 최대의 슬럼 밀집지역으로 약 2,200만 인도 빈민들이 몰려 있는 곳으로 알려져 있다. 영화 속의 대부분을 차지하고 있는 슬럼가의 장면들을 실제 장소에서 촬영하는 것을 원칙으로 삼은 대니 보일 감독은 멘도사 감독과 마찬가지로 필름 촬영이 아닌 디지털 카메라를 사용해 슬럼의 중심과 거기에 대조되는 거대한 빌딩까지 모두 담아내는 데 성공함으로써, 관객들에게 실제 인도의 거리에서 영화가 촬영된 장소를 경험하는 것과 유사한 감동을 선사하였다.

뭄바이 리얼리티 여행사의 공식 홈페이지23

1) 슬럼독 여행Slumdog Tour

대니 보일 감독의 영화 〈슬럼독 밀리어네어〉의 전세계적인 상업적 성공은 인도의 슬럼에 대한 사람들의 새로운 접근 가능성을 만들어내었다.[24] 잘 계획된 안락한 여행을 추구하는 관행 여행conventional tour과는 달리 새롭고 색다른 여행목적지로서 슬럼이 관광객들의 흥미를 유발하기 시작하면서, 슬럼 여행이라는 약간은 논쟁적인 산업이 부상하기 시작한 것이다. 실제로 뭄바이에는 '뭄바이 리얼리티 여행사Mumbai-based Reality Tours and Travel company'가 생겨났다. '대니 보일의 영화에

23 출처 : http://newsinfo.inquirer.net/249893/lim-clearing-of-manilas-informal-settlers-in-danger-zones-long-overdue

24 Mendes, "Showcasing India Unshining Film Tourism in Danny Boyle's Slumdog Millionaire", *Third Text* 24(4), 2010. p.475

대해 이야기하며 현실을 진짜로 보기를 원하는' 새로운 관광객들을 위한 전문 가이드와 여행사가 나타나기도 한 것이다.

영화의 배경이 된 다라비Dharavi는 아시아 최대의 슬럼 지역으로 유명하다. 이 영화는 다라비 안에서도 주후Juhu와 베르소바Versova라는 두 지역에서 실제로 촬영되었다. '슬럼독 여행'이 관행적인 여행을 넘어서 '진정성' 있는 경관과 그 안의 사람들을 만나고 싶다는 대중들의 요구에 부응하여 이 지역에 대한 다양한 관광코스를 개발하여 제공하고 있다. 이 여행을 기획한 리얼리티 여행사는 이 여행에서 발생하는 수익의 80%를 다라비 지역사회의 교육, 건강, 환경개선 등을 포함하는 다양한 사회적 프로젝트에 재투자하는 것을 비전으로 삼고 있다.

물론 이런 식의 슬럼 여행은 슬럼에 대한 또 다른 물신화를 가져올 가능성을 다분히 내재하고 있다. 슬럼독 여행에 참여하는 사람들은 영화라는 매체에서 재현된 특정 행위와 경관적 특성이 자신의 여행 안에서 반복되기를 기대한다는 경향을 배제하기 어렵기 때문이다.

그러함에도 기존의 여행이 여행지 지역사회에 의도치 않게 미치는 경제, 환경, 문화면에서의 악영향에 대해 반성하고, 여행을 통해 여행지 거주자들과 그들의 문화를 깊이 있게 만나고자 하는 움직임이 점차 강해지고 있다. 지속 가능한 여행, 책임 여행, 윤리적 여행, 공정여행 등 이러한 지향을 담은 여행의 명칭은 다양하지만, 여행지의 사람·자연·문화를 존중하자는 지향점은 모두 동일하다. 2009년 이후 한국에서도 공정여행을 지향하는 젊은 여행사들이 생겨나고 있다. 이 중에는 뭄바이의 리얼리티 여행사처럼 필리핀의 빈민지역에 대한 공정여행과 봉사를 기획하고 실천하는 사회적 기업 '공감만세'[25]가 있다. 다음의 참고자료는 청년 사회적 기업 공감만세가 마닐라만의 대표적인 슬럼지역인 바세코로의 공정여행을 준비하는 과정을 소개하는 한 일간신문의 자료이다. 한국에서 시도되고 있는 슬럼지역 현지인들과의 만남의 장은 이 자료를 소개하는 것으로 대체하고자 한다.

[참고자료] 필리핀 빈민들과의 깊은 만남, 바세코 공정여행

필리핀 빈민 아이들에게 희망을 주세요!

필리핀의 도시빈민지역 바세코에 살아가는 '조나'는 오늘도 아이들을 대상으로 무상교육을 실시하는 공부방으로 발길을 향합니다. 하루 벌어서 먹고 사는 것조차 여의치 않은 이 곳 출신으로서 대학을 간 조나는 처음엔 돈을 많이 벌어서 가족들과 함께 잘 사는 것이 최대의 목표 중 하나였습니다.

---

25 공감만세의 홈페이지 http://fairtravelkorea.com/

"아이들은 쓰레기 더미 위에서 놀고, 자고, 먹고 살아가는 게 바세코의 현실이었어요. 어렸을 적부터 그런 모습을 보면서 살아가다 보니 자연스럽게 이곳에서 벗어나고 싶단 생각을 하게 됐고, 돈을 많이 벌어서 가족들과 함께 빈민지역에서 하루라도 빨리 떠나야겠단 생각을 했었죠."

특히, 선거철이나 나라가 어수선할 때면 큰 불이 나서 많은 사람들이 죽고, 판잣집이나마 이루고 살던 터전이 사라지는 모습을 바라볼 때 조나는 무섭기까지 했습니다. 방송을 보면 필리핀 정부는 마닐라 심장부에 자리잡고 있는 바세코를 하루라도 빨리 정리한 뒤 외국인이나 토호들을 위한 공간으로 활용하고 싶어하는 것만 같았습니다. 매번 선거 때면 많은 정치인들이 바세코를 방문했지만, 그들에게서 희망을 보기란 너무 어려운 일이었습니다. 그러던 조나는 20대 사회적 기업 공감만세와 NGO 아시안브릿지 필리핀이 진행한 필리핀 공정여행에 여행기금 나눔(공정여행 수익금으로 필리핀 사람들에게 여행 기회를 주는 것) 프로젝트로 참가하는 행운을 얻게 됩니다.

"아주 사소한 것부터 다른 사람을 배려하고, 우리가 살아가는 환경에 대해 고민하는 공정여행을 체험하고 나서 내가 어떻게 살아야 하는지 고민했습니다. 우리 입장에서 보자면 천국 같은 환경에서 살아가는 한국의 대학생들이 더불어 사는 삶을 고민한다는 것 자체가 놀라웠고요."

조나는 공정여행을 통해 필리핀에도 생각보다 많은 사람들이 머리를 맞대고 자신들의 문제를 해결하려 노력한다는 것을 배웠고, 자신 역시 고향에서 어떤 일을 해야겠다고 결심하게 됐습니다. 그리고, 뜻이 맞는 몇몇 친구들과 바세코의 청년 모임을 만들고 공부방 지원활동이나 일손 돕기 등에 적극적으로 나서고 있습니다.

"바세코 아이들은 중학교 갈 나이만 돼도, 식모가 될 생각을 합니다. 꿈같은 직업들을 그려봤자 상상만으로 끝나는 일이 비일비재하니, 그럴 바엔 현실적으로 택할 수 있는 직업을 선택해버리고 마는 것입니다."

그렇게 말하는 조나와 청년 모임 친구들 뒤에는 항상 쓰레기 속에서 놀고, 먹고, 살아가는 아이들이 배경이 되었습니다. 공감만세는 사회복지를 전공한 친구들과 아이들을 대상으로 한국에서 프로그램을 진행해본 경험이 있는 친구들이 쓰레기를 재료 삼아 악기를 만들고, 그것을 가지고 공연을 다닌 뒤, 최종 공정여행을 떠나는 프로그램을 기획하게 됐습니다.

"빈민 아이들이라고 해서 무조건 돈을 주는 것은 큰 도움이 되지 않습니다. 빈민으로 살아가며 여러 가지 이유로 상처받고 힘든 아이들의 정서를 어떻게 잘 치유하면서 프로그램을 진행하느냐, 그리고 그 아이들에게 넓은 세계를 보여주고 다양한 사람들이 관심을 가져준다는 것이 이 프로그램에 중요한 목적이자 목표가 될 것입니다."

공감만세의 프로젝트 코디네이터인 이미향(한남대 사회복지) 학생은 이렇게 프로그램에 대한 포부를 밝혔습니다.

— 공정여행 사회적 기업 공감만세 고두환 대표, 『세계일보』, 2010.7.1

5. 슬럼의 길이 좁고 어두워도 삶은 이어진다

이 글은 총 세 편의 영화를 통해 이웃국가 필리핀이 지닌 열대낙원과 슬럼이라는 두 얼굴을 깊이 있게 살펴보려는 시도였다. 아열대의 아름다운 섬과 범죄와 빈곤의 온상으로 지목되는 슬럼은 흑백처럼 선명하게 대비되지만, 이 두 장소를 선과 악으로 구분하여 단정지을 수는 없다. 보라카이 섬에는 나른한 안락과 여유가 있지만, 영화 관객이나 관람객들에게 이곳은 철저하게 비일상을 전제로 한 관광의 장이다. 반면, 멘도사의 카메라에 잡힌 마닐라 구도심의 슬럼가는 범죄와 일탈이 만연한 장소라서 관광객들에게는 위험한 장소일 수 있다. 하지만 앞서 살펴보았듯 슬럼가 빈민들의 범죄와 일탈은 그들 위에 군림하는 종교와 정치라는 시스템의 구조적인 죄악들과 비교할 때 반드시 단죄되어야 하며 그들의 삶터인 슬럼도 없어져야 한다고 주장하기는 곤란하다. 슬럼은 가진 것이라곤 몸뚱이 밖에 없는 도시 빈민들에는 더 이상 물러설 수 없는 주거의 장이자 생활의 장이기 때문이다.

대부분의 한국인들이 잘 모르고 있는 사실인데, 필리핀은 아시아에서 시민사회 운동 영역이 대단히 발달한 지역 중의 하나이다. 필리핀 NGO의 네트워크 단체인 CODE-NGO의 설명에 따르면, 현재 필리핀에는 공식적으로 5~6만 개가량의 NGO와 그보다 더 많은 숫자의 커뮤니티 조직Community Organization, CO 혹은 민중조직People's Organization, PO들이 존재한다.[26] 필리핀의 도시빈민들은 1986년의 'EDSA 민중혁

26 필리핀의 사회운동 단체는 CO 혹은 PO와 NGO로 구분되는데, 전자가 자발적인 주민결사체

명'에 대거 참여함으로써, 로또와 신의 자비와 같은 행운만을 좇는 무기력한 군상들이 아니라 지역사회의 구성원이자 더 큰 사회 변화를 위해 노력하는 시민들로 거듭나게 되었다. 물론 필리핀에서 가난은 아마도 오랫동안 지속될 무겁고 깊은 현실의 문제이다. 그렇지만 거의 대부분의 슬럼 커뮤니티에서 공식적으로 존재하는 CO들은 빈민들의 자조를 돕는 실질적인 장치로 기능하고 있다.

필리핀 영화계에서 이 나라의 빈곤문제 심화에 주목하며 하나의 문화적 카테고리로서 '슬럼 및 스쿼터 영화'가 나타나기 시작한 것은 마르코스 독재 치하인 1970년대부터이다. 무려 21년간 필리핀을 지배하며 전후 아시아에서 두 번째로 잘 살던 아시아의 강국을 제3세계의 전형적인 빈곤국가로 만들어버린 마르코스 전 대통령은 1975년 포고령 772를 통해, 슬럼 거주자들(스쿼터들)을 불법 점유자 혹은 전문 스쿼터꾼으로 낙인찍은 후 공인된 주택에 살 형편이 되지 못하는 약 천만에 달하는 도시 빈민들에서 강제퇴거를 명령한 바 있다. 하지만 이러한 일방적 결정에 반발하며, 영화를 일종의 사회문화적 도구로 개념화한 사회파 영화감독들이 나타났다. 이들은 마닐라를 '빈곤, 절망, 착취의 도시공간'으로 형상화하는 작품들을 발표했는데, 이들의 영화에서 묘사된 슬럼은 부수어져야 할 대상이 아니라 하나의 전통적 주거 공간으로 비춰졌다.

필리핀의 주민운동에서 무엇보다 중요한 것은 "주민들이 무엇을 원

라면 후자는 이들을 지원하는 보다 전문적인 지방 혹은 국가 수준의 단체라고 보면 된다(정법모, 「개발사업에의 주민참여와 NGO의 역할 - 필리핀 라구나 제방 프로젝트의 사례 연구」, 서울대 석사논문, 2004).

하는지"에 귀 기울이며 차분히 주민들의 움직임을 기다라는 자세라고 한다. 주민교육의 과정은 그저 함께 살고, 그냥 만나고, 그저 이야기하는 방식에서 많이 벗어나지 않는다. 슬럼의 골목길은 좁고 어두워도 그곳에서도 삶은 이어지고 있다. 마지막으로 필리핀인들의 일상을 보고, 듣고, 느낌으로써 이웃국가 필리핀인들의 삶을 이해하는 장치로서 필리핀의 다양한 영화들에 관심을 갖게 되는 한국인들이 더욱 많아지기를 기대해 본다.

참고문헌

〈로맨틱 아일랜드〉, 감독 강철우, 2008.
〈입양아Poster Child(John John)〉, 감독 Brilliante Mendoza, 2007.
〈새총Slingshot(*Tirador*)〉, 감독 Brilliante Mendoza, 2007.
〈서비스Service(*Serbis*)〉, 감독 Brilliante Mendoza, 2008.
〈슬럼독 밀리어네어Slumdog Millionaire〉, 감독 Danny Boyle, 2008.

송미선·류철균, 「2000년대 영화의 장소 기반 서사 〈사랑해, 파리〉」, 『문학과 영상』 9(1), 문학과영상학회, 2008.
정법모, 「개발사업에의 주민참여와 NGO의 역할－필리핀 라구나 제방 프로젝트의 사례 연구」, 서울대 인류학과 석사논문, 2004.
최병학, 「지역영화제로서 BIFF의 의미와 발전방향－세계화와 지역성 사이에서」, 『영화』 4(1), 부산대 영화연구소, 2011.

Israel, L. Q., "Anatomy of a Decriminalising Locality－the Body of Manila's Slum Dwellers in the Film Tirador(Slingshot)", *Localities* 1, 2011.
Labastilla, S., "Poverty for Sale," *Social Science Diliman* 4(1-2), 2007.
Mendes, A. C., "Showcasing India Unshining Film Tourism in Danny Boyle's Slumdog Millionaire", *Third Text* 24(4), 2010.
Tioseco A., "Shifting agendas : the decay of the mainstream and rise of the independents in the context of Philippine cinema", *Inter-Asia Cultural Studies* 8(2), 2007.

DOT, *Boracay Island Comprehensive Land Use Planning (CLUP)*, Vol.1 Boracay, Philippines : Department of Tourism, 2008.
PIDS, *Linking Poverty and the Environment－Evidence from Slums in Philippine Cities*, 2010.
Urry, J., *Tourist Gaze*, London : Sage, 1991.

『세계일보』, 2010.7.1.
부산국제영화제

인천국제공항공사 항공통계(지역별) http://www.airport.kr/iiac/pds/sta/Sta_04.iia
필리핀 통계청 자료 http://www.nscb.gov.ph/ru6/FS-Tourism-Boracay2011.htm
'The Helsinki International Film Festival－Love & Anarchy'
http://hiff.fi/en/ohjaajat/brillante-mendoza-en/
필리핀의 일간지 『Inquirer』
http://newsinfo.inquirer.net/249893/lim-clearing-of-manilas-informal-settlers-in-danger-zones-long-overdue
http://www.niginigiboracay.com/maps.html